Staatsbankerott
und
internationales Recht.

Gekrönte Preisschrift

von

Dr. jur. Karl Pflug-Nürnberg.

Motto:
Teuer ist mir der Freund,
Doch auch den Feind kanr
Zeigt mir der Freund, was
Lehrt mich der Feind, was
Sc

Mit einem Anhang:
Die Organisation der internationalen Kontrolle der griechischen Staatsfinanzen.

MÜNCHEN.
J. Schweitzer Verlag (Jos. Eichbichler).
1898.

Vorwort.

Vorliegende Schrift verdankt ihre Entstehung einem Preisausschreiben der Bluntschli-Stiftung zu München vom Jahre 1894 über das Thema »Staatsbankerott und internationales Recht«. Es wurde bei diesem Thema de lege lata und de lege ferenda eine Würdigung staatlicher Schuldverpflichtungen und weiterhin eine Darstellung der Mafsnahmen gewünscht, welche aus dem internationalen Standpunkt gegen die Kürzung der Rechte von Staatsgläubigern ergriffen werden können.

Die unmittelbare äussere Veranlassung zur Wahl des Themas war offenbar der Umstand, dass sich damals die ganze zivilisierte Welt über den Staatsbankerott Griechenlands vom Jahre 1893 und das Verhalten der griechischen Regierung ihren Gläubigern gegenüber in der Folgezeit in einer Aufregung befand, die nicht nur in heftigen Artikeln der Tagespresse zum Ausdruck kam, sondern sich auch darin äusserte, dass die deutsche, französische und englische Regierung von ihren von dem Staatsbankerott betroffenen Unterthanen wiederholt bestürmt wurden, ihre Interessen unter Umständen mit Gewalt Griechenland gegenüber zu schützen.

Gegenwärtige, mit einem Preise von 1250 Frcs. gekrönte Schrift wurde im Jahre 1896 verfasst; es konnten daher in ihr die Ereignisse, die zur Organisierung einer internationalen Kontrolle der griechischen Finanzen führten, sowie die griechische Kontrollorganisation selbst nicht berücksichtigt werden. Um nun der Aktualität der Frage der griechischen Finanzkontrolle Rechnung zu tragen, sowie die in der Preisschrift gegebenen Ausführungen über die egyptische, türkische und serbische Finanzkontrolle zu ergänzen, gleichzeitig aber auch die Preisschrift genau so abzudrucken, wie sie dem Preisgericht der Bluntschli-Stiftung zur Beurteilung vorgelegen hatte, habe ich die neuesten inzwischen bekannt gewordenen Mitteilungen über die Organisation der internationalen Kontrolle der griechischen Staatsfinanzen auf einem besonderen Bogen kurz zusammengefasst und denselben der Preisschrift als Anhang beigegeben. Zugleich habe ich an entsprechender Stelle der Preisschrift (am Ende des § 3) in einer Note auf diesen Anhang verwiesen.

Ich glaube mir durch die Berücksichtigung der neuesten Ereignisse den Dank vieler Leser verdient zu haben.

Nürnberg, im März 1898.

Dr. jur. **Karl Pflug.**

Inhalts-Verzeichnis.

I. Staatsschulden und Staatsbankerott.

II. Die Bekämpfung des Staatsbankerottes im allgemeinen.

III. Die Bekämpfung des Staatsbankerottes vom Standpunkte des internationalen Rechtes.

I.

Staatsschulden und Staatsbankerott.

§ 1. Einleitung.

Eine höchst bedauerliche Erscheinung im Völkerleben ist der sog. Staatsbankerott, d. h. die Weigerung eines Staates, seine rechtlich unzweifelhaften Schuldverbindlichkeiten gegen Privatpersonen zu erfüllen, geschehe dies nun aus Unvermögen oder aus Unredlichkeit oder aus beiden Ursachen zugleich.[1])

Eine derartige Erscheinung berührt naturgemäss die Interessen der Allgemeinheit in hohem Mafse und es ist deshalb erklärlich, dass schon des Öfteren in juristischen und volkswirtschaftlichen Aufsätzen und Broschüren die Frage erörtert wurde, wie dem Staatsbankerott entgegenzutreten sei.

Man kam jedoch dabei fast immer nur zu dem Resultat, dass man in Anwendung des Grundsatzes »Krankheiten verhüten ist leichter als Krankheiten heilen« lediglich Präventivmafsregeln gegen den Staatsbankerott empfahl[2])

---

[1]) Vgl. Alois Körner, Staatsschuldentilgung und Staatsbankerott. Mit besonderer Berücksichtigung der fundierten Staatsschuld. Wien 1893, S. 75 f.

[2]) Es hängt dies zum Teil damit zusammen, dass in früheren Zeiten das cavere (Vorbeugen) überhaupt in der Thätigkeit des Juristen, nicht bloss in der unmittelbar praktischen, sondern auch in der vorausschauenden allgemein wissenschaftlichen Thätigkeit, eine grössere Rolle als das Abhelfen spielte. In unseren Tagen ist diese Richtung mehr und mehr in den Hintergrund getreten. Vgl. hierüber u. a. Hartmann, Internationale Geldschulden. Beitrag zur Rechtslehre vom Gelde. Freiburg i. B. u. Tübingen 1882, S. 66 f.

oder höchstens noch die Möglichkeit einer diplomatischen Intervention statuierte.

Erst in neuester Zeit stellte, abweichend von der bisherigen Gepflogenheit, der hervorragende Züricher Internationalist Meili die Forderung auf, unter Beibehaltung des präventiven Prinzips den Staatsbankerott grundsätzlich auch mit Repressivmafsregeln und zwar auf Grundlage rechtlicher Institutionen zu bekämpfen, da die rein diplomatische Intervention in den wenigsten Fällen zum Ziele führe.[1])

Zweck nachfolgender Erörterungen ist es nun, zu dieser Forderung Stellung zu nehmen, bezw. eingehend zu untersuchen, auf welchem Wege eine wirksame direkte Bekämpfung des Staatsbankerottes auf Grund rechtlicher Institutionen überhaupt möglich ist, ob insbesondere das innerstaatliche Recht (Privatrecht, Staatsrecht) uns Mittel zu einer Bekämpfung dieser Art an die Hand gibt, oder ob etwa nur vom Standpunkte des neben dem innerstaatlichen Rechte allein noch in Betracht kommenden internationalen Rechtes wirksame Mafsnahmen gegen die Kürzung der Rechte von Staatsgläubigern getroffen werden können und welcher Art diese Mafsnahmen wären. Zu diesem Behufe haben wir vor allem die staatlichen Schuldverpflichtungen einer rechtlichen Würdigung zu unterziehen, die sich sowohl auf das zu erstrecken hat, was bezüglich der Staatsschulden geltenden Rechtes ist, als auch auf das, was bezüglich der rechtlichen Behandlung der Staatsschulden de lege ferenda im Hinblick auf die Lehren, die uns der Verlauf früherer Staatsbankerotte gibt, etwa vorzuschlagen wäre.

Im ersten Teil unserer Abhandlung werden wir zunächst das Wesen der Staatsschulden im allgemeinen, d. h. ohne Rücksicht auf ihre rechtliche Charakterisierung, schildern und hieran anschliessend den Staatsbankerott selbst einer kurzen Betrachtung unterziehen.

---

[1]) Vgl. Fr. Meili, Der Staatsbankerott und die moderne Rechtswissenschaft. Vortrag gehalten in der internationalen Vereinigung für vergleichende Rechtswissenschaft und Volkswirtschaftslehre zu Berlin. Berlin 1895.

§ 2. Eingehung und Beendigung von Staatsschuldverhältnissen.

Unter Staatsschuld versteht man die Verpflichtung eines Staates zu finanziellen Leistungen, und zwar gewöhnlich zu Leistungen nicht sowohl an einen anderen Staat, als vielmehr an Privatpersonen, seien es die eigenen Unterthanen oder Ausländer.

Eine derartige Verpflichtung gründet sich immer darauf, dass der verpflichtete Staat bei den genannten Rechtssubjekten zur Durchführung seiner Zwecke bezw. zur Herstellung des finanziellen Gleichgewichts sog. Anlehen, d. h. Darlehen gegen Ausstellung von Schuldurkunden (entweder Namens- oder Inhaberpapieren) zu den von dem Publikum oder der Börse gestellten Bedingungen aufgenommen hat.

Das Recht des Staates, solche Anlehen aufzunehmen, ergibt sich aus der dauernden Natur des Staates, also aus dem Umstande, dass nützliche Aufwendungen der Gegenwart auch der Zukunft zu Gute kommen und dass ein Unheil, welches in der Gegenwart abgewendet wird, auch der Zukunft erspart bleibt.[1])

In der Finanzwissenschaft teilt man die Anlehen nach den verschiedensten Gesichtspunkten, z. B. nach dem Aufnahmeort (innere und äussere Schuld), der den Gläubigern gegebenen Sicherheit, der Verzinslichkeit u. s. f. ein.[2]) Für unseren Zweck mag es genügen, auf den Unterschied hinzuweisen, den man bei den Anlehen mit Rücksicht auf die verschiedenen Methoden ihrer Ordnung und besonders mit Rücksicht auf die Frage ihrer Tilgung macht. Man unterscheidet in dieser Hinsicht nämlich bei den Anlehen solche, welche die »schwebende« und solche, welche die »feste«, »fundierte« oder »konsolidierte« Schuld bilden. Unter der schwebenden oder nicht fundierten Schuld (dette flottante, floating debt, Verlegenheitsschuld nach Umpfenbach) versteht man Anlehen, deren Rückzahlung jederzeit, mit oder ohne Kündigung oder nach

---

[1]) Vgl. Eheberg, Finanzwissenschaft, 4. Aufl., Leipzig 1895, S. 324. — Speziell über die Berechtigung des Staates zur Aufnahme auswärtiger Anleihen vgl. S. 36 f. der Abhandlung.

[2]) Vgl. hierüber Eheberg, l. c. S. 328 ff.

vorausbestimmtem kurzen Zeitraum zu erfolgen hat.[1]) Die Aufnahme solcher Anlehen findet statt, wo die Ausgaben des Staates zwar nicht schlechthin grösser, jedoch eher fällig sind, als die Einnahmen, und wo gleichwohl keine Kassenvorräte aus früherer Zeit die Lücke ausfüllen können.[2])

Die ökonomische Sicherung dieser Schuld beruht auf dem sog. domaine privé de l'État, d. h. denjenigen Gütern des Staates, welche derselbe als wirtschaftendes Vermögenssubjekt gleich einem Privatmanne (ihres Verkehrswertes und der aus ihnen zu erzielenden Einkünfte wegen) besitzt und verwendet, sowie auf dem im Fälligkeitsmomente in den Staatskassen vorhandenen baaren Gelde des Staates.[3])

Die modernen Staaten vermögen aber mit der Benutzung des auf dieser Vermögensgrundlage ihnen zu Gebote stehenden beschränkten Kredits nicht auszureichen. In ausgedehntem Mafse verwerten sie auch den weit grösseren Kredit, welchen sie im Hinblick auf ihre künftigen Einnahmen geniessen.

Da die Einnahmen der Staaten in den einzelnen Zeitmomenten relativ kleine Beträge ergeben, so ist es unmöglich, aus den Einnahmen eines gegebenen künftigen Momentes die gewaltigen Kapitalbeträge zu decken, deren die Staaten gegenwärtig bedürfen, und es können deshalb die künftigen Einnahmen keine Kreditunterlage für schwebende Schulden bilden, deren ganzer Kapitalbetrag — wie erwähnt — in einem bestimmten künftigen Augenblicke zurückzuzahlen ist.[4])

Da aber ferner die in den einzelnen Momenten relativ kleinen Einnahmen des Staates sich immer von Neuem wiederholen, so können mächtige Schuldsummen fortgesetzt aus denselben verzinst und allmählich getilgt werden. Die wirtschaftlichen Verhältnisse des Staates führen deshalb dazu, dass derselbe neben seinen schwebenden Schulden sog. feste Schulden eingeht.[5])

---

[1]) Vgl. Eheberg, l. c. S. 333; Roscher, System der Finanzwissenschaft, 4. Aufl., Stuttgart 1894, S. 657 ff. (§ 143); Umpfenbach, Lehrbuch der Finanzwissenschaft 1887 (2. Aufl.).

[2]) Vgl. Roscher, l. c. S. 657.

[3]) Vgl. Kaufmann, Das internationale Recht der egyptischen Staatsschuld, Berlin 1891, S. 41.

[4]) Vgl. Kaufmann, ibidem.

[5]) Vgl. Kaufmann, ibidem.

Die wesentlichsten Eigenschaften der festen — konsolidierten, fundierten — Schuld (dette fondée, funded debt) bestehen jenen Verhältnissen gemäss darin, dass sie zumeist über einen langen Zeitraum sich erstreckt, dass dem Gläubiger nur ein beschränktes oder gar kein Kündigungsrecht eingeräumt und dass sie in den Finanzplan des Staates aufgenommen und definitiv geordnet ist.[1])

Die feste Schuld verpflichtet den Staat entweder nur zur Zahlung eines immerwährenden Zinses (Rente) ohne jegliche Verpflichtung zur Rückzahlung des Kapitals, — sog. unkündbare oder ewige Rentenschuld[2]) — oder sie verpflichtet ihn wenigstens nur zur allmählichen Tilgung des Schuldkapitals neben der periodischen Verzinsung desselben.

Die Summen, welche der Staat sich mittelst Eingehung fester Schulden verschafft, sind so gross, dass einer oder mehrere einzelne Gläubiger ihm dieselben regelmässig nicht zu kreditieren vermögen. Deshalb wird, um eine grosse Anzahl Gläubiger heranziehen zu können, die ganze Schuld in Teilverpflichtungen zerlegt und über jede Teilverpflichtung des Staates eine — meist auf den Inhaber[3]) — lautende besondere Schuldurkunde ausgestellt.

Ein anderer Weg für die Beurkundung der Staatsschuld, der in neuerer Zeit von sehr vielen Staaten eingeschlagen wurde, besteht darin, der Schuld die Form einer Buchschuld zu geben, indem die einzelnen Schuldtitel in ein Staatsschuldbuch

---

[1]) Vgl. Eheberg, l. c. S. 333 ff. und 344 ff.

[2]) Die Rentenschuld ist die der hochentwickelten Finanz- und Volkswirtschaft der Neuzeit entsprechendste Staatsschuldform. Sie bildet den weitaus grössten Teil der fundierten Schuld der Grossstaaten, wie denn z. B. auch die gesamte deutsche Reichsschuld sowie der Hauptteil der preussischen Schuld (die 4 und 3½%igen konsolidierten Anlehen) Rentenschuld ist.

Vgl. den Artikel „Anleihen" im Handwörterbuch der Staatswissenschaften von Conrad u. a. (1890) Bd. I, S. 283.

[3]) Die Inhaberpapiere sind, da sie eine völlig formlose Übertragung gestatten, weit bequemer für den Verkehr und den Zinsbezug und weit beweglicher als die Namenspapiere, bei denen jeder Wechsel des Eigentümers eine besondere Umschreibung notwendig macht. Vgl. Eheberg, l. c. S. 356.

(Stammregister, grand livre)[1]) eingetragen werden, sodass der Nachweis des Forderungsrechtes nicht von einem Schuldschein abhängt. Hier ist vielmehr nur derjenige berechtigt, dessen Namen in dem Schuldbuche eingetragen ist. Durch die Eintragung wird dem Gläubiger Mühe und Kostenaufwand für die Aufbewahrung und Verwaltung der Papiere abgenommen, wohingegen freilich die Übertragung und die Benützung der Schuldforderung als Grundlage von passiven Kreditgeschäften erschwert ist.

Die allmähliche Tilgung der Staatsschulden geschieht entweder durch Annuitäten, welche in Verbindung mit den Zinsen die Schuld an den einzelnen Gläubiger prozentweise abtragen, oder es wird nach einem bestimmten Plane jährlich ein gewisser Teil der Partial-Obligationen durch Rückkauf oder Auslosung eingelöst.[2])

Der rechtmässigen und ordentlichen Tilgung steht als illegale Beendigung des staatlichen Schuldverhältnisses der Staatsbankerott gegenüber. Während man die Tilgung als den natürlichen Tod der Staatsschuld bezeichnen kann, kommt der Staatsbankerott dem gewaltsamen Tode

[1]) Seit längerer Zeit besteht schon in Frankreich ein Staatsschuldbuch. Auf Grund des Eintrags in das Hauptbuch (das grosse Buch von Frankreich) oder in eines der von den Generaleinnehmern in jedem der 86 Departements geführten Nebenbücher wird dem Gläubiger durch Buchauszug die Eintragung der Rente auf seinen Namen bescheinigt. Dieser Auszug muss bei jeder Ausübung der durch ihn bedingten Rechte vorgelegt werden. In England wird der Nominalbetrag der Schuld in das grosse Buch der Bank von England eingetragen, welche die Verwaltung der Staatsschulden für den Staat besorgt. In Deutschland gab es bis in die neuere Zeit zumeist nur Inhaberpapiere. In Preussen wurde durch Gesetz vom 20. Juli 1883 ein Staatsschuldbuch eingeführt, welches von dem Staatsschuldbuchbureau und der Hauptverwaltung der Staatsschulden geführt und das auch in steigendem Mafse benutzt wird. Durch Gesetz vom 31. Mai 1891 wurde auch für das Deutsche Reich ein Reichsschuldbuch eingeführt, sodass nunmehr Schuldverschreibungen des Reichs auf Antrag des Inhabers in Buchschulden umgewandelt werden können. Staatsschuldbücher kommen noch in einer Reihe von Ländern vor, so in Italien und Russland. Vgl. Eheberg, l. c. S. 357; Handwörterbuch der Staatswissenschaften von Conrad etc. am angef. Ort; Finanzarchiv Bd. 1; Roscher, l. c. § 144.

[2]) Vgl. Kaufmann, l. c. S. 42. Näheres über die Staatsschuldentilgung siehe bei Körner l. c.

gleich,[1]) indem bei ihm der Staat sich einseitig von den übernommenen Verpflichtungen entbindet und die Rechte der Gläubiger zu Gunsten der Steuerpflichtigen opfert.[2])

Da sich eine Schwierigkeit der Tilgung schwebender Schulden mit ihren bestimmten kurzen Rückzahlungsfristen für den Staat nur selten, eine Unmöglichkeit dieser Tilgung wohl niemals ergeben wird, indem die Kontrahierung solcher Schulden den bestimmten, nach kurzer Frist stattfindenden Eintritt derjenigen Umstände voraussetzt, welche die Mittel zur Deckung der aufgenommenen Schulden bieten,[3]) so wird es sich bei Staatsbankerotten immer nur um die Nichterfüllung fundierter Schulden handeln. Wir brauchen deshalb im Folgenden die schwebende Schuld nicht weiter berücksichtigen.

Da ferner nach der Natur unseres Themas vorwiegend nur der Staatsbankerott gegenüber auswärtigen Gläubigern zu betrachten und somit in der Hauptsache auch nur die auswärtige Staatsschuld zu berücksichtigen sein wird, so haben wir auch auf diejenigen Staatsschulden, welche auf der Eintragung in einem Staatsschuldbuche beruhen, nicht weiter einzugehen. Denn das System der grands livres und Konsols (Inskriptionssystem) kommt vorwiegend nur in kapitalreichen Ländern zur Anwendung und wird sich deshalb in der Regel nur auf innere Schulden erstrecken, während diejenigen Länder, welche gezwungen sind, vom Auslande zu borgen, mit Rücksicht auf die zu erzielende grössere Umlaufsfähigkeit der Kapitalien besondere Schuldverschreibungen (Staatspapiere, Obligationen) zur Ausgabe gelangen lassen müssen.[4])

---

[1]) Vgl. Roscher, l. c. S. 571 (§ 125).

[2]) Vgl. Eheberg, l. c. S. 361.

[3]) Vgl. Körner, l. c. S. 10.

[4]) Vgl. Roscher, l. c. § 144 und speziell Anmerkung 8. — Es ist natürlich nicht ausgeschlossen, dass auch in Bezug auf Buchschulden Staatsbankerotte (möglicherweise auch gegenüber auswärtigen Gläubigern) vorkommen. Für solche Fälle ist zu bemerken, dass es selbstverständlich keinerlei Unterschied in der Beurteilung eines Staatsbankerottes macht, ob derselbe in der Nichterfüllung von Schuldverpflichtungen besteht, die auf Schuldverschreibungen beruhen, oder ob er sich in der Nichteinhaltung von Verpflichtungen äussert, die ihre Grundlage in Bucheinträgen haben.

§ 3. Die Erscheinungsformen des Staatsbankerottes.

Staatsbankerott ist als vorliegend bereits anzunehmen, sobald ein Staat Mafsregeln irgend welcher Art ergreift, durch welche er seine Lasten unter Schädigung der Gläubiger eigenmächtig zu vermindern sucht.

Der Staatsbankerott kann hiernach erfolgen

1. durch völlige oder teilweise Lossagung von der Schuld, sodass die Staatsgläubiger entweder Kapital oder Zinsen oder beides vollständig oder teilweise verlieren (totaler oder partieller Staatsbankerott),
2. durch Herabsetzung des Zinsfusses (Konvertierung, Konversion) ohne Zustimmung der Gläubiger und ohne dass diesen die sofortige Rückzahlung des Kapitales angeboten wird,
3. durch Besteuerung des Zinskoupons,
4. durch die Zahlung der Zinsen in einer verschlechterten Münze oder in einem schlechten Papiergelde sowie
5. durch die Herabsetzung des Wertes des Staatspapiergeldes oder durch massenhafte Ausgabe unterwertiger Scheidemünze (versteckter oder maskierter Staatsbankerott).[1])

Am deutlichsten tritt der Staatsbankerott zu Tage im Falle der sog. Repudiation, d. h. der vom Staate abgegebenen formellen Erklärung, Schulden oder einen Teil derselben nicht verzinsen oder nicht zurückzahlen zu wollen.[2])

Diese Form des Staatsbankerottes setzt die Zahlungsunfähigkeit des Staates nicht als notwendig voraus, sie ist vielmehr der Ausdruck des mangelnden Zahlungswillens, gleichviel ob Zahlungsunvermögen vorliegt oder nicht.[3])

Ohne auf die Geschichte des Staatsbankerottes[4]) einzugehen, wollen wir hier nur erwähnen, dass erst neuerdings

---

[1]) Weitere Einzelheiten bezüglich der verschiedenen Modalitäten des Staatsbankerottes siehe bei Körner, l. c. S. 78 ff. – Bezüglich der Münzdevalvation und des Staatspapiergeldbankerottes ist zu bemerken, dass diese Bankerottformen nicht der fundierten Staatsschuld spezifisch eigentümlich sind. Vgl. Körner, l. c. S. 94.

[2]) Vgl. Eheberg, l. c. S. 361.

[3]) Vgl. Körner, l. c. S. 80.

[4]) Über die Geschichte des Staatsbankerottes vgl. Roscher, l. c. § 133 Anm. 1; Körner, l. c. S. 81 ff.; Lehr im Handwörterbuch der Staatswissen-

wieder ein europäischer Staat das Beispiel einer wohlüberlegten Repudiation gegeben hat. Griechenland nämlich hat eigens durch ein Staatsgesetz — Gesetz vom 10. Dezember 1893 — nicht nur einseitig die Zinsen seiner auswärtigen Schuld um 70%[1]) gekürzt, sondern auch der mit speziellen Sicherheiten ausgestatteten Monopolanleihe vom Jahre 1887 diese Sicherheiten weggenommen und vertragswidrig die Kassenbestände der Monopolgesellschaft eingezogen.

Seitdem haben wiederholt Verhandlungen der Delegierten dreier Schutzkomités (sog. Bondholderkomités) in Berlin, London und Paris, welche von den Emissionsbanken gebildet wurden, mit der griechischen Regierung stattgefunden. Die Schutzkomités verlangten, künftig prozentual an den Mehreingängen aus den verpfändeten griechischen Staatseinnahmen zu partizipieren; ausserdem erstrebten sie gewisse Garantien dafür, dass wenigstens die so stark reduzierten Zinsen auch wirklich gezahlt würden. In letzterer Hinsicht war es eine Hauptforderung der Bondholderkomités, dass ihnen eine Mitwirkung bei der Kontrolle der griechischen Finanzwirtschaft eingeräumt werden solle und sie erklärten es insbesondere für notwendig, dass sich der griechische Staat eine Beaufsichtigung der Monopolgesellschaft durch einen deutschen, französischen und englischen Abgesandten gefallen lasse.

Alle Verhandlungen hierüber sind jedoch bis jetzt[2]) ergebnislos geblieben.

---

schaften von Conrad u. a. Bd. V. S. 832; Staatslexikon von Rotteck u. Welker Bd. XV. S. 20; Michel Chevalier, Cours d'économie politique I (Paris 1855) p. 97—99; Escher, Handbuch der prakt. Politik I. 369 ff.

[1]) Diese Angaben sind der Tagespresse entnommen. Vergleichsweise sei hier angeführt, dass bei dem finanziellen Zusammenbruch Österreichs nach dem deutsch-österreichischen Krieg von 1866 und dem verlustvollen wirtschaftlichen Ausgleich mit Ungarn die österreichischen Staatsgläubiger durch die damalige Couponsbesteuerung (öst. Ges. v. 20. Juni 1868) nur 16% ihrer Schuldzinsen verloren haben. Vgl. Körner, l. c. S. 92. Dagegen hat Portugal in den letzten Jahren die Zinsen für seine auswärtigen Schulden um stark zwei Drittteile des ursprünglichen Vertragszinses reduziert. Vgl. hierüber die Broschüre von Max Hausmeister, La dette portugaise 1893.

[2]) Vgl. hiezu **Vorwort** und **Anhang** zur Preisschrift.

§ 4. Der Staatsbankerott eine Rechtsverletzung.

Es bedarf eigentlich keines Beweises, dass jede Form des Staatsbankerottes, insbesondere aber eine Repudiation wie die geschilderte, eine schwere Rechtsverletzung gegenüber den auswärtigen [1]) Gläubigern enthält, wie dies denn auch die verschiedensten Autoritäten unbedenklich ohne Weiteres angenommen haben. [2])

Dennoch soll im Folgenden eigens erörtert werden, inwiefern sich die stillschweigende oder ausdrückliche Erklärung des

[1]) Den inländischen Gläubigern gegenüber enthält der Staatsbankerott formell nur dann eine Rechtsverletzung, wenn er nicht im Wege der Gesetzgebung ausgesprochen worden ist. Vgl. die nachfolgenden Ausführungen.

[2]) Vgl. u. a. Roscher, l. c. S. 611; Meili, l. c. S. 50 ff.; Eheberg, l. c. S. 361; Körner, l. c. S. 75.

Nur nebenbei soll bemerkt werden, dass der Staatsbankerott auch vom moralischen und politischen Standpunkte aus direkt als verwerflich bezeichnet werden muss; von der moralischen Seite deshalb, weil der Staat als der Wächter und Wahrer des Rechtes viel grösseres Vertrauen als ein Privatmann fordert und weil sein Bankerott Verderben über grosse Kreise (vor allem über den Handelsstand) verbreitet und ein böses, weithin wirkendes Beispiel gibt; von der politischen Seite deshalb, weil es eine ausserordentliche Unklugheit ist, wenn ein Staat die Rechte und Interessen inländischer und ausländischer Gläubiger schädigt, da er hiedurch seinen Kredit, vor allem seinen auswärtigen Kredit bedeutend vermindert und sich nicht nur die Aufnahme von Anleihen in Notzeiten erschwert, sondern auch den Entgang grosser Summen veranlasst, die er auch in ruhigen Zeiten sehr gut brauchen könnte. Speziell auswärtiger Kapitalien bedarf der Staat, weil sie disponible Kapitalien der Heimat ersetzen, eine Besteuerung der eigenen Unterthanen teilweise überflüssig machen und die volkswirtschaftliche Entwicklung des betreffenden Staates überhaupt in hohem Maſse fördern. Keineswegs müssen, wie Nebenius (Öffentlicher Kredit, 1829) meinte, die Staatsschulden an sich immer ein Übel sein, sodass etwa eine intensivere Besteuerung der eigenen Unterthanen der Aufnahme einer auswärtigen Anleihe unter allen Umständen vorzuziehen wäre. Eine gewisse Höhe der Besteuerung kann ein viel schlimmeres Symptom, wie eine grosse Staatsschuld sein. Nicht die Staatsschuld ist das Übel, sondern die anomale politische Lage, welche die Staatsschuld hervorruft. Andererseits liegt die politische Stärke der Staaten nicht sowohl in der Schuldenfreiheit, als vielmehr in der seit langer Zeit günstigen politischen Situation.

Vgl. hiezu Roscher, l. c. S. 573 und 611; Dietzel, System der Staatsanleihen, (Heidelberg 1855); Adolf Wagner, Die Ordnung des österreichischen Staatshaushalts, (Wien 1863); Laspeyres im Staatswörterbuch von Bluntschli u. Brater Bd. X, Artikel »Staatswirtschaft«.

Bankerottes seitens eines Staates als Rechtsverletzung charakterisiert, weil eine bezügliche genau begründete Feststellung für die Frage der Berechtigung einer direkten Bekämpfung des Staatsbankerottes mit Repressivmitteln sehr wichtig ist.

Wir müssen hiebei zunächst die Frage in's Auge fassen, welche Stellung der schuldnerische Staat rechtlich gegenüber seinen Gläubigern, insbesondere gegenüber seinen auswärtigen Gläubigern einnimmt.

Die Staatsschulden sind, wie eingangs unserer Abhandlung erwähnt, in der Hauptsache hervorgegangen aus Verträgen des Staates mit Privaten, inhaltlich deren der Staat gegen gewisse Leistungen der letzteren bestimmte Verpflichtungen gegen dieselben übernommen hat.

Die Rechtslage der beiden Kontrahenten bei solchen Verträgen ist nun in dem Falle eine verschiedene, wenn der Vertrag zwischen einem Staat und einem Inländer, also einem Unterthanen des Staates, geschlossen wurde.

Diese Verschiedenheit der Rechtslage der Kontrahenten hat ihren Grund in der Gesetzgebungsgewalt des Staates, die ihrerseits wieder auf der Suveränität des Staates beruht.

Die „Suveränität" ist nämlich die selbstverständliche Eigenschaft des wirklichen Staates, d. h. eines Gemeinwesens, das sich selbst regiert, und bedeutet höchste Herrschaft zu eigenem Recht und damit auch Unabhängigkeit von jedem anderen mit physischer Zwangsgewalt rechtlich durchzusetzenden Befehl innerhalb völkerrechtlicher Schranken. Innerhalb dieser Schranken spricht die Rechtsvermutung für volle und ungeteilte Suveränität eines jeden Staates da dieselbe mit dem Staatsbegriff gegeben ist; weitere Beschränkungen der Suveränität anderen Staaten gegenüber erfordern daher immer eine besondere Begründung, wie namentlich durch Verträge.[1])

Zu den regelmässigen Suveränitätsrechten eines Staates gehört u. a. auch das Recht selbständiger Gesetzgebung für sein Volk und Land.[2])

---

[1]) Vgl. hiezu Bluntschli, Das moderne Völkerrecht der civilisierten Staaten, 3. Aufl. 1878, §§ 64, 65, 66 u. 67, S. 88 f., vgl. auch § 381 Anm. (S. 223).

[2]) Vgl. Bluntschli, l. c. S. 89 § 68 unter b.

Kraft dieser Gesetzgebungsgewalt ist das bestehende Recht eine Schöpfung des Staates, indem der Staat die Rechtssätze gebildet hat, nach welchen sich seine vertragsmässigen Verpflichtungen rechtlich regeln, indem er bestimmt hat, ob und inwieweit ein Rechtsweg gegen ihn stattfindet und von welchen Organen Recht gesprochen wird, wenn er seine Verpflichtungen bestreitet oder nicht erfüllt, indem er endlich vorgeschrieben hat, ob und inwieweit seine rechtlich festgestellten Verpflichtungen zwangsweise gegen ihn geltend gemacht werden können.

Und nicht nur das bestehende Recht ist von dem Staate abhängig, sondern es steht auch kraft der Gesetzgebungsgewalt in der Macht des Staates, an die Stelle des bestehenden Rechtes jederzeit ein anderes zu setzen und dadurch den bereits rechtlich gegen ihn begründeten Ansprüchen den Rechtsboden zu entziehen.[1])

Schliesst nun ein diesem „suveränen“ Staatswesen angehöriger Privater mit demselben einen Vertrag, speziell einen Vertrag über ein Anlehen, so erwirbt er zwar als Vertrag schliessender Teil gegen Übernahme besonderer Verpflichtungen auch besondere vertragsmässige Rechte gegen dasselbe. Aber gleichzeitig als Unterthan der Gesetzgebungsgewalt des fraglichen Staatswesens unbedingt unterworfen, ist er der Möglichkeit ausgesetzt, dass der Staat ihm mittelst der Gesetzgebung von Rechts wegen nimmt, was er ihm vertragsmässig von Rechts wegen gegeben hat bezw. geben muss.[2])

Völlig anders aber — bezw. zwischen den Kontrahenten vollkommen gleich — ist die Rechtslage, wenn der Staat mit einem (im Auslande wohnenden) Ausländer einen Vertrag

---

[1]) Vgl. Kaufmann, l. c. S. 13 u. 14.

[2]) Die Stellung des Inländers ist nun freilich meistens nur scheinbar eine so schlimme. Denn abgesehen davon, dass er je nach der Verfassung möglicherweise, (z. B. mittelst seines Wahlrechtes) selbst Anteil an der Gesetzgebung hat, sind seine sonstigen Beziehungen zu dem Heimatstaate der Art, dass er die ihm aus Nichterfüllung staatlicher Schuldverpflichtungen erwachsenden Nachteile verhältnismässig leichter verschmerzen kann, als der Ausländer, der in seinen Rechten verkürzt wird.

Vgl. Kaufmann, l. c. S. 14 und Meili, l. c. S. 17 Anm. 3.

schliesst. Zwischen diesem Ausländer und dem Staate besteht, abgesehen von den vertragsmässig begründeten Rechten und Verpflichtungen, kein rechtliches Verhältnis; denn der Gesetzgebungsgewalt des Vertrag schliessenden Staates ist dieser Ausländer rechtlich nicht unterworfen.

Der Staat kann daher an seinen vertragsmässig begründeten Verpflichtungen gegenüber dem Ausländer rechtlich weder überhaupt, noch speziell im Wege der Gesetzgebung etwas ändern.[1])

Nun wird zwar auch behauptet, dass der Vertrag schliessende Ausländer in Beziehung auf das Vertragsverhältnis unbedingt und in allen Fällen stillschweigend dem Rechte und Gerichte des mitkontrahierenden Staates sich unterwerfe bezw. rechtlich unterworfen sei, sowie dass die Unterwerfung rechtlich sich nicht nur auf das zur Zeit des Vertragsschlusses geltende Recht des Vertrag schliessenden Staates beziehe, sondern sich auf jede später von dem letzteren vorgenommene Änderung dieses Rechtes erstrecke.[2])

Richtig ist jedoch an dieser Theorie nur soviel, dass der Staat thatsächlich die Macht hat, seine Zahlungen einfach einzustellen oder die auf seine Schuldverpflichtungen bezüglichen Gesetze zu ändern[3]).

Es ist um so unverantwortlicher, wenn der Staat diese Macht dazu missbraucht, seine Gläubiger, die ihm ihr Vertrauen geschenkt haben, zu schädigen.

Der Vertrag schliessende Staat handelt nicht im Recht, sondern begeht einen Rechtsbruch

1. dem Inländer gegenüber jedenfalls, wenn er formlos sich seinen Verpflichtungen entzieht,

2. dem Ausländer gegenüber auch dann, wenn er im Wege der Gesetzgebung seine vertragsmässig begründeten

---

[1]) Vgl. Kaufmann, l. c. S. 14.

[2]) Vgl. v. Bar, Theorie und Praxis des internationalen Privatrechts 1889, II S. 663.

[3]) Vgl. Kaufmann, l. c. S. 14 und 15 und speziell S. 15, Anm. 2, wo der von v. Bar aufgestellte Satz eine »höchst bedenkliche Fiktion« genannt wird.

Verpflichtungen gegen den Ausländer ändert und auf Grund dieser neuen Gesetzgebung die Durchführung der vertragsmässigen Ansprüche des Ausländers verhindert.

Die Richtigkeit dieses aus rein juristischen Erwägungen gewonnenen Resultates wird selbst von den Vertretern des Grundsatzes der sog. »wirtschaftlichen Gerechtigkeit« (auch »ökonomischen Billigkeit«)[1]) nicht nur nicht in Zweifel gezogen, sondern sogar indirekt anerkannt. Denn es ist von Anhängern der erwähnten Richtung bereits zugestanden worden, dass vor Allem dem Gläubiger wirklich gebührt, was ihm rechtsverbindlich zugesagt ist, mag auch der Schuldner durch die veränderten Umstände über seine frühere Erwartung hinaus dadurch belastet werden[2]).

In Anbetracht dessen kann die Frage der Berechtigung der Bekämpfung des Staatsbankerottes an sich unbedingt bejaht werden und es ist nur noch die — freilich schwierige — Frage nach der Möglichkeit und eventuell besten Methode einer solchen Bekämpfung einer Erörterung zu unterziehen.

---

[1]) Vgl. Hartmann, l. c. S. 58 ff.
[2]) Vgl. Hartmann, l. c. S. 63.

II.

Die Bekämpfung des Staatsbankerottes im allgemeinen.

§ 5. Der rechtliche Charakter staatlicher Schuldverpflichtungen de lege lata.

Man kann den Staatsbankerott mit Roscher auch als eine »finanzielle Revolution« bezeichnen[1]), insoferne als bei demselben das oberste allgemeine Rechtsprinzip, dass gesetzlich eingegangene Pflichten auch erfüllt werden müssen[2]), ohne weiteres gewaltsam umgestossen wird.

Die finanzielle Revolution unterscheidet sich aber insoferne sehr wesentlich von der politischen, als es sich bei letzterer in der Hauptsache immer um eine Verletzung öffentlicher Rechte (Staats- bezw. Verfassungsrecht) handelt, während bei der ersteren nur private Rechte nicht respektiert werden. Nach der herrschenden Lehre nämlich charakterisiert sich das Verhältnis, in welches der Staat zu seinen Gläubigern durch die Aufnahme von Staatsschulden tritt, als ein streng privatrechtliches.

Der Kredit freilich, den der Staat benützt, ist ein öffentlicher und es ist ein Akt der Staatshoheit, wenn der Staat im einzelnen Falle zur Eingehung von Darlehensschulden sich entschliesst. Aber das Darlehen selbst ist nicht ein Ausfluss der Staatshoheit; denn die Privaten, welche dem Staate ihre

---

1) Vgl. Roscher, l. c. S. 573 und 611.

2) Vgl. Meili, l. c. S. 50.

Kapitalien vorstrecken, sind dazu nicht verpflichtet[1]) und das Geschäft, welches sie abschliessen, ist ein wesentlich privatrechtlicher Vertrag[2]).

Die Frage, unter welches Institut des Privatrechtes sich die Kontrahierung der Staatsschulden juristisch subsumieren läfst, ist für die rückzahlbaren und für die nicht rückzahlbaren Schulden verschieden zu beantworten. Ist die Staatsschuld rückzahlbar — mögen hiebei Zinsen bedungen sein oder nicht — so liegt juristisch ein Darlehensvertrag vor und die über diesen Vertrag ausgefertigte Urkunde ist ein einfacher Schuldschein.

Ist die Staatsschuld jedoch nicht rückzahlbar, sondern wurde dem Staatsgläubiger bloss die Bezahlung einer jährlichen Rente versprochen — was in Anbetracht der Unmöglichkeit der unmittelbaren Rückzahlung bei dem grösseren Teil der Staatsschulden der Fall ist — so ist das Rechtsverhältnis ein Rentenkauf.

Bei dem Rentenkauf ist das Kapital als solches für den Gläubiger verschwunden und an seine Stelle ein Recht auf den Zins getreten[3]). Hieraus aber folgt, dass der Wert jeder nicht rückzahlbaren Staatsobligation bestimmt wird nicht durch den Stammwert derselben, sondern durch den kapitalisierten

---

[1]) Nach Jellinek, System der subjektiven öffentlichen Rechte (Freiburg 1892) S. 59, sind Ansprüche des Individuums an den Staat von vermögensrechtlichem Charakter öffentlich-rechtliche überhaupt nur dann, wenn sie einerseits einem öffentlich-rechtlichen Verhältnis — der gliedlichen Stellung des Individuums im Staate — entspringen, andererseits an ihrer Gewährung das Gemeininteresse überwiegend beteiligt ist. Das öffentlich-rechtliche Verhältnis (die gliedliche Stellung des Individuums im Staate) fällt nun aber z. B. bei den auswärtigen Staatsgläubigern von vornherein weg. Vgl. auch S. 12 ff. der Abhandlung.

[2]) Vgl. Körner, Die Konversion öffentlicher Schulden, Wien und Leipzig 1893, S. 11; vgl. ferner: Bluntschli, Lehre vom modernen Staat, 5. Aufl., 7. Buch, 6. Kap., S. 534; Stein, Lehrbuch der Finanzwissenschaft 1860, S. 467 und 468; Laband, Staatsrecht des Deutschen Reiches, 2. Aufl., II. S. 883 und 884; G. Meyer, Verwaltungsrecht (1885) II. § 257.

[3]) Näheres über dieses Institut siehe u. a. bei Gengler, Das deutsche Privatrecht, 4. Aufl. 1892, S. 286 ff. und Stobbe, Handbuch des deutschen Privatrechts, 3. Aufl. 1893, Band II § 104.

Betrag des Zinses, den dieselbe trägt unter der Voraussetzung der richtigen und regelmässigen Zinszahlung[1]). Obwohl nun die staatlichen Schuldverhältnisse de lege lata materiell und formell vollständig den uralten Instituten des Privatrechtes anzugliedern sind, so gibt es doch gewisse Punkte, in welchen sie sich von den gewöhnlichen privaten Schuldverpflichtungen unterscheiden. Diese Punkte betreffen jedoch nicht den rechtlichen Charakter der Staatsschulden selbst, sondern sie beziehen sich einerseits auf die Frage nach den realen Grundlagen der Staatsschulden, andererseits auf die Frage nach der Möglichkeit der Durchführung von Ansprüchen aus staatlichen Schuldverpflichtungen für den Gläubiger im Falle der Verweigerung ihrer Erfüllung seitens des schuldenden Staates.

Der Unterschied liegt nämlich in Folgendem:

Während die Schulden eines Privatmannes in einem fest bestimmten, relativ nahe liegenden künftigen Zeitpunkt fällig werden und alsdann ihrem Kapitalbetrage nach aus dem vorhandenen Vermögen des Schuldners gedeckt werden müssen, haben — wie schon oben erwähnt — die Staatsschulden heutzutage einen solchen Umfang erreicht, dass an ihre unmittelbare und vollständige Rückzahlung nicht zu denken ist. Dabei braucht aber auch der Staatsgläubiger seine Sicherheit nicht ausschliesslich in dem Vermögen zu suchen, welches der Staat in einem gegebenen Augenblick besitzt; er kann vielmehr über das Mafs des jeweiligen Staatsvermögens hinaus dem Staate auf weite Zeiträume hin Kredit gewähren; denn es ist mit Sicherheit vorauszusehen, dass der Staat, welcher nicht auf die kurze Dauer eines individuellen Menschenlebens beschränkt und nicht den das letztere bedrohenden Zufällen ausgesetzt ist, diese ganze Periode hindurch regelmässig seine Einnahmen aus Steuern, Gebühren, Zöllen u. s. w. haben werde[2]).

---

[1]) Vgl. Stein, l. c. S. 479. — Dabei wird freilich den Rentenpapieren auch ein Pariwert beigelegt, damit der Staat in der Lage ist, eventuell — z. B. im Falle einer Konversion — die Rückzahlung des Schuldkapitales anzubieten.

[2]) Vgl. Kaufmann, l. c. S. 40.

Andererseits kann der Gläubiger des Staates im Unterschiede von dem des Privaten keineswegs das ganze Vermögen seines Schuldners bei der Bemessung des demselben zu gewährenden Kredits als Grundlage seiner Sicherheit betrachten. Denn diejenigen Güter des Staates, welche öffentlichen Zwecken dienen — der domaine public de l'Etat — sind infolge ihrer Zweckbestimmung den »Berechtigungen« im Sinne des Privatrechtes entzogen und für den Privaten unangreifbares öffentlich-rechtliches Eigentum des Staates[1]).

Lediglich der bereits oben erwähnte domaine privé de l'État bildet eine reale Unterlage für die Befriedigung der Forderungen, welche den Gläubigern gegen den Staat zustehen.

Es kann sonach das jeweilige Vermögen des Staates nur in beschränkterem Umfange als das Vermögen des Privaten, die künftigen Einnahmen des Staates aber können in einem weit ausgedehnteren Mafse als die künftigen Einnahmen der Privaten bei Gewährung eines Kredits von den Gläubigern berücksichtigt werden.

Das weitere, speziell für unsere Untersuchung äusserst wichtige Moment, durch welches sich die staatlichen von den gewöhnlichen privaten Schuldverpflichtungen unterscheiden, ist in dem Umstande zu finden, dass bei Nichterfüllung gewöhnlicher privater Verbindlichkeiten gegen den säumigen Schuldner eine Jurisdiktion und Exekution stattfindet, während es gegen den Staat, der seinen Schuldverpflichtungen nicht nachkommt, weder Jurisdiktion noch Exekution gibt.

Es beruht diese exzeptionelle Behandlung staatlicher Schuldverpflichtungen auf der heutigen Auffassung vom Wesen des Staates, mit dessen Begriff der der „Suveränität“ (vgl. oben) unlöslich verbunden ist.

Kraft dieser Suveränität gibt es Jurisdiktion und Exekution gegen einen Staat nur, soweit und solange es die Gesetzgebung dieses Staates zulässt.

Die Vertreter der Finanz- und Staatswissenschaft sind

---

[1]) Vgl. Kaufmann ibidem.

hierüber vollkommen einig. So kommt Stein[1]) in seinen Ausführungen über den Wert der Sicherstellung (z. B. Verhypothezierung) staatlicher Schuldverpflichtungen zu dem Resultat: eine solche Sicherstellung habe immer nur wenig Bedeutung, da ihre Wirksamkeit stets von den Gerichten abhänge, der Staat aber sich in seinen Hoheitsrechten als Ganzes einer gerichtlichen Exekution nicht unterziehen könne.

Körner[2]) äussert sich folgendermassen: »Die Nichterfüllung der aus dem Staatsschuldverhältnisse hervorgehenden Schuldpflichten des Staates ist eine Verletzung der Rechte seiner Gläubiger und zwar eine solche, bei welcher die Inanspruchnahme der Gerichte durch die in ihren Rechten gekränkten Personen entfällt«.

Auf dem gleichen Boden steht auch der französische Jurist Milovanowitsch[3]), indem er sagt: »Les Etats souverains ne relèvent que de Dieu et de leur épée; ils sont leur propres juges et décident seuls, jusqu'à quel point leurs intérêts et leur honneur exigent l'exécution des engagements signés«.

v. Bar[4]) verrät uns auch den Grund, weshalb die suveränen Staaten Jurisdiktion und Exekution gegen sich in der Regel nicht zulassen, indem er die Lehre vorträgt: Die Staaten haben bezüglich der von ihnen kontrahierten Schulden »gewissermassen ein beneficium competentiae in weitem Umfange«: sie müssen sich zuerst selbst erhalten und die Bezahlung der Schulden steht nur in zweiter Linie.

Auch der Engländer Hume betont in seinem Essay on public credit[5]), der Staat habe das Recht der Selbsterhaltung und könne dasselbe noch weniger als ein Privatmann verlieren; es sei daher nur ein Gebot der Klugheit, unter Umständen den Staatsbankerott zu erklären.

---

[1]) L. c. S. 534.

[2]) Staatsschuldentilgung und Staatsbankerott S. 75.

[3]) M. Milovanowitsch, Les traités de garantie au XIXme siècle, (Paris 1888) p. 394. Vgl. hiezu Meili, l. c. S. 14 u. 15.

[4]) L. c. S. 663 u. 664.

[5]) Vgl. Körner, l. c. S. 102; Roscher, l. c. S. 615.

Angesichts solcher Verhältnisse sagt der Grieche Politis[1]) nicht mit Unrecht, die ganze Sanktion der Staatsschuldscheine liege lediglich im Kreditverlust und der Unehre des Staates, (discrédit et déshonneur de l'État)[2]).

Kebedgy, der Landsmann von Politis, behauptet sogar im Journal de droit international XXI 1894, S. 504 f.), die Hingabe von Geldern an auswärtige Staaten stelle ein Spekulationsgeschäft oder eine mehr oder weniger aleatorische Operation dar[3]).

Wie man sieht, wird bei der rechtlichen Beurteilung staatlicher Schuldverpflichtungen nicht nur allgemein dem Grundsatze Rechnung getragen, dass die staatliche Suveränität nicht angetastet werden dürfe, sondern es herrscht insbesondere auch das Streben, das Prinzip der staatlichen Selbsterhaltung so viel wie möglich zu fördern und demselben selbst auf Kosten der Gerechtigkeit Opfer zu bringen.

Jedermann ist sich sofort klar, dass bei dieser Sachlage die Chancen auswärtiger Gläubiger bezüglich der Durchführung ihrer Ansprüche bei Staatsbankerotten gleich Null sind, soferne nicht die eigene Regierung den Gläubigern als ihren Unterthanen zu Hilfe kommt, indem sie auf dem Wege diplomatischer Vermittlung bei der vertragsbrüchigen Regierung eine Rückgängigmachung oder Milderung der den Staatsbankerott involvierenden Mafsregeln zu erzielen sucht[4]).

---

[1]) N. E. Politis, Les emprunts d'État en droit international, Paris 1894.

[2]) Auch die englischen Gerichte haben einmal entschieden, dass die von einem Staate ausgegebenen Obligationen nicht der Beurteilung einer auswärtigen oder einheimischen Jurisdiktion unterstehen, sondern die Natur einer Ehrenschuld haben. Vgl. Phillimore, Commentaries on International Law, 3. ed. II. S. 18. Hiezu auch Meili, l. c. S. 49 Note 2.

[3]) Vgl. Meili, l. c. S. 17 Anm. 1. Ein ähnlicher Gedanke scheint auch schon den Ausführungen des Juristen v. Gönner zu Grunde gelegen zu haben, welcher in seiner Schrift „Von Staatsschulden" (1826 S. 196 f.) sagte, bei einer Staatsschuld liege zwar eine Privatrechtssache vor, aber es handle sich auch um eine Staatssache und jeder Staatsgläubiger mache im Voraus hienach seine Rechnung.

[4]) Eheberg (l. c. S. 323 f.) charakterisiert die Situation auswärtiger Staatsgläubiger bei einem Staatsbankerott wie folgt: „Einen Zwang zum

Inwieweit auf eine derartige Unterstützung zu rechnen ist, ob dieselbe zum Schutze der Gläubiger ausreicht und welche Mafsregeln eventuell zur Erhöhung des Rechtsschutzes der Gläubiger ohne Verletzung der staatlichen Suveränität und ohne dass die Existenz des bankerotten Staates in Frage gestellt wird, zu ergreifen wären, soll im Folgenden untersucht werden.

§. 6. Die rechtliche Behandlung staatlicher Schuldverpflichtungen de lege ferenda.

Den von der Doktrin bezüglich der Suveränität und des staatlichen Selbsterhaltungsrechtes vertretenen Grundsätzen steht naturgemäss die Staatspraxis im wohlverstandenen eigenen Interesse freundlich gegenüber, was sich vor allem darin zeigt, dass die Regierungen bei Staatsbankerotten zu Gunsten ihrer Unterthanen nur ungerne intervenieren[1]).

Hin und wieder sind die in Frage kommenden Regierungen freilich moralisch gezwungen, im Interesse ihres eigenen Ansehens den geschädigten Gläubigern ihre Unterstützung zu leihen, nämlich dann, wenn es sich um ganz grobe und offensichtliche Rechtsverletzungen handelt. Aber auch in solchen Fällen beschränkt sich die Unterstützung in der Regel auf die Absendung diplomatischer Noten, in welchen der vertragsbrüchigen Regierung Vorstellungen wegen ihres Verhaltens gemacht werden.

Zudem findet erfahrungsgemäss eine diplomatische Einmischung gewöhnlich überhaupt nur gegenüber kleineren Staatswesen oder gegenüber solchen statt, welche — wenigstens

Zahlen, der bei den Privaten den mangelnden Willen ersetzt, gibt es dem Staate gegenüber nicht, es sei denn, dass ausländische Forderungen von fremden Regierungen „unterstützt werden“.

[1]) Dies gilt insbesondere von England, Österreich-Ungarn, Spanien, Portugal und der Türkei. Genannte Staaten haben es in der Regel abgelehnt, zu Gunsten ihrer Unterthanen wegen Schuldforderungen gegenüber auswärtigen Staaten zu intervenieren. Vgl. hiezu Phillimore, l. c. II S. 8 und Meili, l. c. S. 59; ferner Georges Guillaumot in seiner Schrift L'Égypte moderne en droit international, les procès mixtes en Égypte avant et après la Reforme judiciaire (II. Teil einer Dissertation, Paris 1891 p. 283) und Meili, l. c. S. 15.

in gewissen Beziehungen — auf einer anderen Kulturstufe als der intervenierende Staat stehen[1]).

Endlich ist die Intervention der Diplomatie mit ihrer schwankenden und kollidierenden Interessenverflechtung selten von ausgesprochenem Erfolge begleitet[2]).

Hiernach ist klar, dass das gegenwärtige Recht bezüglich der Möglichkeit der Verfolgung von Ansprüchen aus staatlichen Schuldverpflichtungen eine bedenkliche Lücke aufweist. Denn während unter gewöhnlichen Verhältnissen Klagerecht und Exekution dem erworbenen Privatrechte inhärent sind[3]), verliert hier — wie Meili (l. c. S. 16) treffend bemerkt — das denkbar klarste ius privatum die actio oder die Aktionskraft, der Rechtstitel wird zum blassen Scheine degradiert und der Kreditor hat, wenn es gut geht, noch die Aussicht, einem Gläubigerschutzvereine beizutreten oder einen Gnadenakt zu erbitten. Dabei finden wir aber bis in die neueste Zeit in den Abhandlungen über den Staatsbankerott keinerlei Erörterung darüber, wie etwa eine derartige Lücke im Recht auszufüllen sei.

---

[1]) So fanden Interventionen statt gegenüber der mexikanischen Republik, gegenüber dem Bey von Tunis, gegenüber Ecuador, Costa Rica, Guatemala, gegenüber der Türkei und endlich gegenüber Egypten. Die Türkei zedierte infolge der Intervention als Garantie zu Gunsten ihrer Gläubiger (vertreten durch den Conseil de la Dette) gewisse staatliche Einkünfte. — Auf die Intervention gegenüber Egypten werden wir später zurückkommen. Wir wollen deshalb hier nur bemerken, dass sich dieselbe für Gläubiger und Staat als äusserst segensreich erwiesen hat, wobei freilich nicht übersehen werden darf, dass man sich gegenüber Egypten keineswegs nur mit der Absendung diplomatischer Noten begnügt hat, sondern dass man dort auf Grund des Völkerrechts mit sehr einschneidenden Mafsregeln vorgegangen ist. — Wohl am häufigsten beteiligt sich Frankreich an Interventionen bei Staatsbankerotten. Die französische Regierung griff auch im Jahre 1894 mit Erfolg ein, um die Interessen der französischen Inhaber der portugiesischen Eisenbahnpapiere zu wahren. Vgl. hiezu Meili, l. c. S. 49 Anm. 1 und S. 52 ff. Von der dort angeführten Litteratur ist an dieser Stelle erwähnenswert Strêzoff, L'intervention et la Péninsule balkanique (Diss.) Genève 1892.

[2]) Vgl. auch Meili, l. c. S. 15.

[3]) Vgl. Regelsberger, Pandekten (Leipzig 1893) I S. 201; Meili, l. c. S. 17.

So behandelt z. B. Adolf Wagner in einem Essay[1]) lediglich die Frage, welches Verhalten der bankerotte Staat später, wenn er sich wieder in günstigerer Lage befindet, den verletzten Gläubigern gegenüber einhalten soll und kommt dabei zu einem die letzteren kaum befriedigenden Resultat.

Er unterscheidet zunächst, ob nach dem Bankerott ein Gläubigerwechsel stattgefunden hat oder nicht. Für den Fall, dass die Gläubiger gar nicht gewechselt haben, die Schuldverschreibungen also in den Händen der ursprünglich Beschädigten geblieben sind, beantwortet er jene Frage einfach dahin, dass der Staat sein Unrecht möglichst vollständig und möglichst rasch wieder gut machen, z. B. die volle Zinszahlung wieder aufnehmen müsse.

Im übrigen nimmt jedoch Wagner an, dass infolge des Bankerotts meistens die Papiere in anderen Besitz, z. B. in den von Spekulanten übergegangen sind und dass in solchen Fällen die Restitution der Schuld den ursprünglich Beschädigten überhaupt nicht zu Gute käme. Von diesem Standpunkte ausgehend erklärt er, es könne die Wiederherstellung der Schuld nicht unbedingt angeraten werden. Etwas anderes sei es, wenn der Staat durch ein bestimmtes, bei der Erklärung des Bankerotts gegebenes Versprechen gebunden sei, woraus indirekt ein etwas besserer Kurs hervorgegangen und auch den späteren Erwerbern der Papiere eine Art Anspruch auf die Erfüllung dieses Versprechens erwachsen sein könne. In den Fällen des Gläubigerwechsels würden durch die Wiederherstellung der Schuld nur unverdient Prämien aus dem Volksvermögen verteilt. Der Vorteil für den Staatskredit wegen des moralischen Eindrucks solcher Mafsregeln möchte schwerlich hoch zu veranschlagen sein und werde gewiss durch die finanziellen Opfer aufgewogen.

Könne der Staat vollends nicht auf einmal und vollständig die Zinszahlung wieder aufnehmen, sondern müsse er aus Rücksicht auf seine Finanzlage die Restitution der abgeworfenen Schuld auf einen langen Zeitraum verteilen, so unterbleibe eine solche Massregel lieber gänzlich.

---

[1]) Vgl. Bd. X des Staatswörterbuches von Bluntschli und Brater (1867) Artikel »Staatsschulden«.

Operationen wie z. B. die Herstellung der niederländischen Schuld im Jahre 1814 und die Umwandlung der österreichischen älteren Staatsschuld im Jahre 1818[1]), welche eine sich über Jahrzehnte hinziehende allmähliche vollständige Wiederaufnahme der ursprünglichen Zinszahlung bewerkstelligen sollten, nützten dem ursprünglich Beschädigten fast nichts, verbesserten den Staatskredit gar nicht, belasteten die Finanzen zwecklos und führten zur Übernahme von Verpflichtungen, welche später sehr drückend werden könnten.

Diese Ausführungen Wagners bieten wohl dem Finanzpraktiker beachtenswerte Fingerzeige bezüglich der Regulierung der Finanzen im Bankerottfalle, für den geschädigten Gläubiger müssen sie jedoch unbefriedigend sein und zwar unbefriedigend in zweifacher Beziehung.

Einmal ist die Frage nicht beantwortet: Was geschieht, wenn der Staat nicht willens ist, sein Unrecht wieder gut zu machen?

Zweitens wird die Frage zu lösen nicht einmal versucht, welche Vorkehrungen zu treffen sind, damit der ursprüngliche Gläubiger nicht gezwungen ist, die Schuldverschreibungen des bankerotten Staates zu Schleuderpreisen zu verkaufen, damit er vielmehr, im Besitze der Schuldverschreibungen verbleibend, sich der Hoffnung hingeben kann, wieder zu seinem Gelde zu kommen.

Diesen Fragen näher zu treten, ist umsomehr geboten, als die modernen Zeiten infolge der Thatsache, dass die Staaten vielfach gezwungen sind, auf auswärtiges Kapital zu rekurrieren, eine ausserordentlich bedeutende Weltwirtschaft[2]) geschaffen haben und speziell in unserem Jahrhundert eine ganz intensive Beteiligung der Vermögen zu Gunsten auswärtiger Staaten stattgefunden hat[3]).

---

[1]) Vgl. hierüber Band VII S. 603 des Staatswörterbuches von Bluntschli und Brater.

[2]) Vgl. Adolf Wagner am angeführten Orte; Meili, l. c. S. 4 und 5.

[3]) Borleffs Handboek voor effectenhouders en geldbeleggers (1881, S. 19) spricht mit Recht davon, dass unsere Zeit das Jahrhundert der Staatsschulden genannt werden könne: »want inderdaad hebben de staatsschulden vooral in de tweede helft dezer eeuw eene ongekende uitbreiding gekregen en eene ontraglijke hoogte bereikt«. Vgl. Meili, l. c. S. 62.

Angesichts dieses »gewaltigen modernen Thatbestandes« gibt Meili (l. c. S. 62) der Befürchtung Raum, dass, wenn zur Verbesserung des Rechtsschutzes der auswärtigen Gläubiger bei Staatsbankerotten keinerlei rechtliche Institutionen geschaffen werden, einmal die »Brutalität der Thatsachen« zu einer Reaktion führen wird, bei welcher schliesslich der einzelne Angehörige des fremden wortbrüchigen Staates den schlimmsten Repressalien ausgesetzt sein wird.

Hiedurch würde aber — so wird weiter gesagt — der viele Jahrhunderte lang pendent gewesene und jetzt in der Hauptsache erledigte Prozess über die Stellung der Fremden aufs Neue anhängig gemacht und dies müsse im Interesse der heutigen Kultur unbedingt vermieden werden.

Wir wollen hier nicht näher auf die Gründe der Politik und Opportunität eingehen, die für eine Schaffung rechtlicher Institutionen zum Schutze auswärtiger Staatsgläubiger sprechen, wir wollen vielmehr unserer Aufgabe gemäss nur erörtern, ob und inwieweit eine Creierung derartiger Institutionen heutzutage überhaupt möglich ist.

Als feststehend darf es jedenfalls betrachtet werden, dass gegenüber den oben geschilderten Rechtszuständen Abhilfe im Sinne einer Verbesserung des Rechtsschutzes speziell der auswärtigen Staatsgläubiger nicht nur dringend zu wünschen, sondern auch höchst notwendig ist[1]).

Wo liegt aber die Abhilfe? Sicher nicht auf dem Gebiete des Privatrechtes. Denn mit dem Privatrechte ist,

---

[1]) Hartmann (l. c. S. 67) begründet die Notwendigkeit besseren Schutzes der internationalen Schuldverschreibungen mit dem Hinweis auf die kulturelle Mission derselben. Er sagt dabei: »Die grossen Werke und Unternehmungen der Zukunft in allen kulturfähigen Erdteilen, wofür die Durchbohrungen der Alpen, wie die Durchstechungen der Landengen von Suez und Panama nur Vorläufer sind, werden ohne Zweifel die Vereinigung der geistigen und der materiellen Kräfte der verschiedensten Nationen in Anspruch nehmen. Für die grossen Kapitalistengesellschaften, welchen in dem bevorstehenden Kulturverbreitungswerke eine wichtige Rolle zukommt, werden die internationalen Schuldverschreibungen ein Haupthebel sein, um aus dem weiten Kreise der verschiedensten Kulturvölker die unentbehrlichen und verfügbaren Geldmittel zusammenzubringen«.

wie wir gesehen haben, gegenüber der Suveränität der Staaten nichts auszurichten, wie auch doktrinell ausgeführt wird, dass der Schutz der Staats- und Gemeindegläubiger, welchen das Privatrecht bietet, immer unvollkommen sein wird[1]).

Man hat es freilich schon des Öfteren mit einer Sicherung der Staatsanleihen durch Unterpfänder nach privatrechtlicher Analogie versucht.

Insbesondere war in früherer Zeit bezw. vor Entwicklung der modernen Staatsidee eine Sicherung durch Verpfändung bestimmter später fälliger Einnahmen, durch Faustpfand an beweglichen Gütern, durch zeitweilige Überweisung von Immobilien, Domänen oder selbst ganzen Länderteilen sehr häufig[2]).

Es hing dies damit zusammen, dass damals nicht dem Staate, sondern dem Landesfürsten kreditiert wurde und dieser deshalb gezwungen war, reale Garantien zu geben, um seinen persönlichen Kredit möglichst zu erhöhen[3]).

Obwohl nun in der Gegenwart kein Zusammenhang mehr besteht zwischen dem öffentlichen Kredit und der Person des Landesherrn, so wird doch auch jetzt noch bei Anlehen an Staaten von zweifelhafter Vertrauenswürdigkeit seitens der Gläubiger eine entsprechende Realsicherheit, vornehmlich in der Form der Überlassung gewisser Steuern und sonstiger Einnahmequellen zu eigener Verwaltung gefordert und von den betreffenden Staaten in der Regel auch gewährt[4]). Eine

[1]) Vgl. Regelsberger, l. c. S. 418.

[2]) Vgl. Eheberg, l. c. S. 325 ff.

[3]) Vgl. Eheberg ibidem.

[4]) Realsicherheit wurde z. B. verlangt und angeboten bei Aufnahme von Anleihen seitens der Türkei 1881, 1885 und 1888, Griechenlands 1887 (vgl. oben, S. 9), Serbiens 1884, 1885, 1886, 1888, Egyptens 1876, 1877, 1878, 1885, Mexikos 1890, Chinas 1896. Bei der egyptischen Anleihe von 1876 wurden die Einkünfte aus dem Tabakszoll und andere Einnahmen, bei der von 1877 (Dette privilégiée) wurden die Einnahmen der Eisenbahnen und des Hafens von Alexandrien unter Begründung einer Spezialhypothek, bei der türkischen von 1881 die Erträgnisse des Tabakmonopols und der Stempel- und Spiritussteuer, bei der serbischen von 1886 und 1888 die Erträgnisse der Verkehrssteuer, bei der mexikanischen von 1890 ein Teil der Zolleinnahmen, bei der chinesischen von 1896 die Zölle der Ver-

derartige Sicherung ist jedoch, wie schon früher erwähnt, von sehr problematischem Wert, da ihre Wirksamkeit doch immer wieder von den Gerichten des schuldnerischen Staates abhängt, der letztere aber in den wenigsten Fällen eine Jurisdiktion und Exekution gegen sich zulassen wird. (Vgl. auch Roscher, l. c. S. 628 § 136.)

Nachdem sonach das Privatrecht den Staatsgläubigern keinen genügenden Schutz gegen Staatsbankerotte gewährt, erübrigt es nur, auf denjenigen Rechtsgebieten nach Schutzmafsregeln zu suchen, die neben dem Privatrechte noch in Betracht kommen können, und zwar in Betracht kommen können im Hinblick darauf, dass wir es nicht mit dem Bankerott von Privatpersonen, sondern mit dem von Staatswesen zu thun haben.

Es sind dies naturgemäss das Staatsrecht und das Völkerrecht (internationales Recht).

Was zunächst das Staatsrecht anbelangt, so lehrt uns die Geschichte, dass auf diesem Gebiete sehr viel zur Bekämpfung des Staatsbankerottes gethan werden kann und auch schon gethan worden ist. Ja es ist sogar zweifellos, dass das grosse Vertrauen der Gläubiger in die finanzielle Leistungsfähigkeit der heutigen grösseren Kulturstaaten, (welches neuerdings vielfach ausgedehnte Konversionen möglich machte), hauptsächlich seinen Grund hat in der allgemeinen Ein- und Durchführung gewisser staatsrechtlicher, das Staatsschulden- und Finanzwesen berührender Prinzipien in jenen Staaten. Als solche Prinzipien kommen vor allem in Betracht:

1. eine zweckmässige formelle Ordnung des Staatsschulden- und Finanzwesens,

2. die Mitwirkung der Volksvertretung bei Aufnahme von Staatsschulden,

---

tragshäfen verpfändet. Die egyptische Anleihe von 1885 bietet das Beispiel der Sicherung einer Anleihe durch die Garantie fremder Staaten, indem dieselbe durch einen Vertrag Deutschlands, Frankreichs, Grossbritanniens, Italiens, Österreich-Ungarns, Russlands, und der Türkei von den sechs erstgenannten Mächten garantiert ist. In Preussen sind — wie nebenbei bemerkt werden soll — die Domänen noch generell als Pfand der gesamten Anlehen bestellt. Vgl. hiezu Eheberg, l. c. S. 331; Kaufmann, l. c. S. 105 und 156; Meili, l. c. S. 76 f.

3. die Durchführung des Grundsatzes der Öffentlichkeit (des sog. Publizitätsprinzips) im Staatsschuldenwesen[1]).

Freilich kann vermittelst der Einführung und Ausgestaltung solcher Prinzipien nur die eigene Finanznot bekämpft bezw. verhütet werden; fremde Staaten können mit Rücksicht auf die Suveränität vom staatsrechtlichen Standpunkte aus nicht gezwungen werden, Reformen in gedachter Richtung einzuführen. Vom staatsrechtlichen Standpunkt aus ist vielmehr, wie wir noch sehen werden, bezüglich der Einführung solcher Reformen lediglich eine indirekte Einwirkung möglich und zwar nur auf dem Wege einer umfassenden Regelung des innerstaatlichen Börsenverkehrs. Gleichwohl sollen zunächst jene drei Prinzipien wegen ihrer hohen Bedeutung für innerstaatliche Präventivmafsregeln gegen den Staatsbankerott einer kurzen Betrachtung unterzogen werden[2]).

Anlangend die zweckmässige formelle Ordnung des Staatsschuldenwesens, so kommt dieselbe zur Erscheinung in der einheitlichen Verwaltung des gesamten Finanz-, Kassen- und Rechnungswesens. — Im früheren Finanzwesen der europäischen Staaten (vor dem Jahre 1815) war der Grundsatz der Einheit des Finanz-, Kassen- und Rechnungswesens noch nirgends durchgeführt. Die einzelnen Einnahmequellen wurden getrennt verwaltet und auf sie waren ausser gewissen Ausgaben auch die Staatsschulden angewiesen. Selbst wenn nicht besondere Domänen oder Gefälle speziell für eine Schuld verpfändet waren, pflegte die Verzinsung und Rückzahlung

---

[1]) Vgl. Band X des Staatswörterbuches von Bluntschli und Brater (1867) S. 44 ff.

[2]) Roscher (l. c. § 136) sieht in der Durchführung dieser Prinzipien eine viel bessere Garantie für die Sicherheit von Staatsanleihen, als in der privatrechtlichen Sicherung der letzteren durch Unterpfänder. Er bemerkt sehr treffend: »Viel bessere Garantien gibt es auf dem Gebiete des inneren Staatsrechts, die zwar auch keine Zauberformeln sind, ebenso der bewussten Ruchlosigkeit kein absolutes Hindernis entgegenstellen können, wohl aber die entscheidende Staatsgewalt nötigen, entweder streng auf dem Wege des Rechts zu bleiben, oder gleich die erste leise Abweichung von diesem Wege mit dem unverhüllten Stempel der bösesten Absicht zu brandmarken«,

einer neu aufgenommenen Schuld auf eine bestimmte Einnahme angewiesen zu werden. Die Ordnung und Übersichtlichkeit, das Kassen- und Rechnungswesen litten darunter bedeutend. Der Gedanke der Einheit im Finanz- wie im Staatsschuldenwesen gelangte erst in der Zeit der französischen Revolution zur Verwirklichung, in welcher ja allgemein der Patrimonialstaat zusammenstürzte und die Grundlage für den Aufbau des modernen Rechtsstaates geschaffen wurde[1]).

Die damaligen Zustände haben nicht nur die Notwendigkeit der Verschmelzung von Kammer- und Landesschulden dargethan, sondern sie haben insbesondere auch gezeigt, dass es sich bezüglich der Verwaltung des Staatsschuldenwesens empfiehlt, für dieselbe eine besondere, von der gewöhnlichen Oberleitung der Finanzen ganz unabhängige Behörde aufzustellen, die in konstitutionellen Staaten unmittelbar mit den Landständen zu verhandeln hat, in absoluten Monarchien ebenso unmittelbar unter dem Herrscher steht, ihre eigenen gesetzlich feststehenden Einkünfte bezieht, ihren besonderen Diensteid leistet u. s. w.[2]).

Der Wirkungskreis dieser Behörde, die man etwa »Hauptverwaltung der Staatsschuld« oder »Direktion der Staatsschuld« nennen kann, kann in den einzelnen Staatshaushalten etwas verschieden gezogen sein. Auch kann getrennt von ihr noch eine besondere Behörde für die Tilgung der Staatsschuld bestehen. Soweit beide Behörden Kassenbehörden sind, kann man ihnen wohl auch den Namen »allgemeine Staatsschuldenkasse« und »Staatsschuldentilgungskasse« geben.

Die genannten Behörden haben alle Verwaltungsangelegenheiten des Staatsschuldenwesens zu besorgen, wie die Führung des Hauptbuchs der Staatsschuld, die Eintragungen, Umschreibungen, Löschungen der Renteninskriptionen, die Ausgabe der Obligationen und Coupons (wobei zur Giltigkeit neben der Unterschrift des Finanzministers die Unterschrift des Direktors der Staatsschuldenverwaltung und der Staatsschuldenkassa erforderlich sein kann), die Kassengeschäfte

---

[1]) Vgl. Bluntschli und Brater l. c.

[2]) Vgl. Roscher, l. c S. 628 f. (§ 136).

bei den Einzahlungen auf neue Anlehen, den Zinszahlungen, den Kapitalrückzahlungen, eventuell die Vertretung des Ärars in Rechtsstreitigkeiten über Staatsschuldenangelegenheiten u. s. w.

Mit dieser formellen Ordnung des Finanz- und Staatsschuldenwesens wird eine praktisch sehr wichtige Bedingung für die Benützung des öffentlichen Kredits erfüllt. Denn diese Ordnung bietet eine formelle Garantie für das Staatsschuldenwesen, wie der steigende Wohlstand und wirtschaftliche Fortschritt der Länder und der davon abhängige gute Zustand der Finanzen eine materielle Garantie bietet[1]).

Die nicht minder wichtige, rechtliche und moralische Garantie liegt in der Teilnahme der Volksvertretungen an der Leitung und Ordnung des Finanz- und Schuldenwesens (vgl. oben unter Ziffer 2)[2]). Wo daher nach den französischen Kriegen die ständischen Verfassungen reorganisiert oder neu eingeführt wurden, da wurde den Ständen, Kammern, Landtagen, Parlamenten oder wie die Vertretungen heissen und welchen Umfang von Rechten sie auch erhalten mochten, vor allem das Recht der Zustimmung zu neuen Steuern, zur Veräusserung von Staatsvermögen und zur Aufnahme neuer Schulden beigelegt.

So heisst es z. B. in der bayerischen Verfassung vom Jahre 1818 (Titel VII § 11):

»Die gesamte Staatsschuld wird unter die Gewährleistung der Stände gestellt. Zu jeder neuen Staatsschuld, wodurch die zur Zeit bestehende Schuldenmasse im Kapitalsbetrage oder der jährlichen Verzinsung vergrössert wird, ist die Zustimmung der Stände des Reichs erforderlich«.

Für die betreffende Staatsregierung sind natürlich derartige Bestimmungen in gewisser Beziehung lästig[3]). Dagegen

---

[1]) Vgl. Bluntschli und Brater, l. c.

[2]) L. v. Stein (Finanzwissenschaft, 5. Aufl. I. S. 240) hat sich hierüber folgendermassen geäussert: »Das gebildete Europa ist darüber einig, dass die schlechte Bilanz nur durch die öffentliche Teilnahme des Volkes, in Volksvertretung und Litteratur, bewältigt, die gute nur durch dieselbe gesichert werden kann«. Vgl. auch Roscher, l. c. S. 715.

[3]) Vgl. hierüber Band X des Staatswörterbuches von Bluntschli und Brater S. 47 f.

bieten sie den Staatsgläubigern zweifellos eine Garantie, dass der Staatskredit nicht übermässig ausgebeutet wird.

Um eine solche übermässige Ausbeutung des Kredits zu verhindern, hat man auch in einigen Staaten — z. B. in den Staaten der Nordamerikanischen Union — den Betrag, bis zu welchem Schulden kontrahiert werden können, von vornherein verfassungsmässig beschränkt[1]).

Eine Beschränkung dieser Art dürfte jedoch kaum allgemeine Nachahmung finden, da jeder Staat dahin streben wird, seinen Kredit möglichst extensiv auszunützen[2]).

Sehr zu befürworten wäre es, verfassungsrechtliche Schranken insoweit aufzurichten, dass nur eine qualifizierte Majorität ($^2/_3$, $^3/_4$) der Vertretungskörper auf Antrag der Regierung von bestimmten, finanzrechtlichen Verfassungsgrundsätzen abgehen kann[3]).

Endlich ist es rätlich, zum Zwecke der Überwachung der genauen Innehaltung übernommener Verpflichtungen bleibende ständische Centralbehörden für die Staatsschuld einzusetzen, wie sie z. B. in Österreich[4]), Bayern[5]), Württemberg[6]), Sachsen[7]), Baden[8]) schon seit Langem bestehen.

In genannten Ländern sind speziell für die Kontrolle der Staatsschuld ständische Ausschüsse, resp. Kommissäre und Kommissionen mit mehr oder weniger weitgehenden Befugnissen, zum Teil formeller Anteilnahme an wichtigen Verwaltungsakten, z. B. Mitunterzeichnung der ausgegebenen Schuldurkunden u. s. w. bestellt[9]).

---

[1]) Näheres s. bei Meili, l. c. S. 83.

[2]) Vgl. Meili ibidem.

[3]) Vgl. Schäffle in der Zeitschrift für die gesamte Staatswissenschaft 40. Band (1884) S. 144 und N. G. Pierson, Leerboek der Staatshuiskunde (Haarlem 1884) II. p. 604, 610, sowie Meili, l. c. S. 83, 84 und Roscher, l. c. S. 655.

[4]) Österr. Ges. vom 13. Dezember 1862 über die Kontrolle der Staatsschuld durch den Reichsrat.

[5]) Bayer. Verfassungsurkunde Tit. VII §§ 13, 14, 15.

[6]) Württbg. Verf.-Urk. § 119 ff.

[7]) Sächs. Verf.-Urk. §§ 106, 107.

[8]) Bad. Verf.-Urk. § 63.

[9]) Auch für das Deutsche Reich wurde eine derartige Einrichtung geschaffen, nämlich die Reichsschuldenkommission mit dem Sitze in

Dankenswert und zweckmässig ist es, wenn solche Kommissionen jährlich oder halbjährlich über die Lage der Staatsschuld, ihre Grösse, die vorgefallenen Operationen u. s. w. öffentlich Bericht zu erstatten haben. Der betreffende Bericht muss aber auch mit eingehenden statistischen Beilagen versehen und von den Kommissären unterzeichnet sein, sodass letztere für die Richtigkeit der Publikation verantwortlich sind.

Auch wo Staatsschuldenkommissionen nicht vorhanden sind, sollte man das Prinzip der Publizität in umfassenderer Weise als bisher für das Staatsschuldenwesen adoptieren, da offene und getreue Darlegung der Sachlage stets das beste Mittel zur Besserung und Aufrechterhaltung des Kredits ist[1]) und die Kontrolle der öffentlichen Meinung auch im wahren Interesse des Staates selbst liegt[2]). Auch sollten die

---

Berlin. Dieselbe führt die Aufsicht über die Reichsschuldenverwaltung, die Kontrolle über die Verwaltung des Reichskriegsschatzes u. s. w. Sie besteht aus dem Vorsitzenden des Ausschusses für Rechnungswesen und zwei Mitgliedern dieses Ausschusses, ferner aus drei Mitgliedern des Reichstages und dem Präsidenten des Rechnungshofes. Vgl. Rönne, Verfassung des Deutschen Reiches, 6. Aufl. S. 93.

Eine ähnliche Institution besass übrigens früher schon Hannover in dem Schatzkollegium, welches aus von der Regierung und von den Ständen ernannten Mitgliedern gebildet war und über den ganzen Staatshaushalt eine Kontrolle, über das Staatsschuldenwesen die Aufsicht und zum Teil die obere Leitung auszuüben hatte. Vgl. Hannoversches Gesetz vom 12. September 1838 über das Schatzkollegium; Bluntschli und Brater, l. c. S. 48 Anm. 8.

[1]) Es sei hier nur daran erinnert, welche grosse Rolle das Prinzip der Publizität im Privatrechte (besonders im Immobiliar- und Handelsrechte) als kreditförderndes Mittel spielt. Vgl. hierüber u. a. die Schrift von Karl Pflug, Das Prinzip der Publizität in Deutschland. Mit besonderer Berücksichtigung seiner Bedeutung für den Privatkredit. Erlangen 1895, S. 5 ff. sowie speziell S. 35, 48, 57, 71.

[2]) Roscher sagt (l. c. S. 712 f.) bezüglich der Veröffentlichung der Staatsrechnungen, dieselbe sei freilich von unbeschränkten Herrschern lange Zeit wohl als eine Schmälerung ihres Ansehens betrachtet worden, gelte aber neuerdings mit Recht für eine Zuhilfenahme der argusäugigen öffentlichen Meinung und für eine wichtige Stärkung des Staatskredits. An anderer Stelle (l. c. S. 676 f.) bemerkt derselbe Autor, die Öffentlichkeit sei für eine Staatshaushaltung nicht blos eine Hauptbedingung des voll entwickelten und gesunden Volkslebens, sondern auch des guten Etat- und

Regierungen, deren Unterthanen auswärtigen Staaten Kapitalien leihen, darauf dringen, dass den Gläubigern eine wahrheitsgetreue Aufklärung über die Finanzverhältnisse der emittierenden Staaten zu Teil wird.

Die beste Gelegenheit zur Geltendmachung diesbezüglicher Forderungen bietet sich den Regierungen bei der Regelung des Verkehrs mit Staatspapieren auf den heimischen Börsen und es ist sehr bemerkenswert, was in Deutschland bei der dort kürzlich erfolgten Neuordnung des Börsenverkehrs hinsichtlich jener Angelegenheit geschehen ist.

In Deutschland war noch bis vor wenigen Jahren die bei der Emission auswärtiger Anleihen durch die Bank- und Börsenpraxis gewährte Orientierung über die Finanzverhältnisse der betreffenden auswärtigen Staaten in den meisten Fällen vom fachmännischen Standpunkte aus nicht genügend[1]).

In richtiger Würdigung der Wichtigkeit einer genauen Orientierung haben deshalb die neueren deutschen Börsenordnungen dem Prinzip der Publizität eine besondere Beachtung geschenkt.

So hat vom Standpunkte dieses Prinzips aus z. B. die Börsenordnung der Berliner Börse vom $\frac{\text{15. Juli 1884}}{\text{20. März 1885}}$ bezüglich des Inhaltes der bei Anleihen ausländischer Staaten zu veröffentlichenden Emissionsprospekte eingehende Bestimmungen getroffen[2]).

Hiernach muss der Prospekt u. a. enthalten eine Mitteilung einer Übersicht des letzten Budgets des die Schuld kontrahierenden Gemeinwesens und zwar sowohl des ordentlichen, als des ausserordentlichen Budgets, sowie eine Mit-

---

Kontrollwesens. — Als Kuriosum sei nebenbei erwähnt, dass auf dem französischen Reichstage von 1614 die Krone meinte, »Öffentlichkeit im Finanzwesen sei höchst schädlich. Die Finanzen seien der Nerv des Staates: nun müssten aber im gesunden Körper die Nerven stets von der Haut bedeckt sein«. Vgl. v. Raumer, Geschichte Europas IV, 23; Roscher, l. c. § 147 Anm. 2.

[1]) Vgl. hierüber Walther Lotz, Die Technik des deutschen Emissionsgeschäftes, Leipzig 1890, S. 25.

[2]) Vgl. Lotz, l. c. S. 69 ff. und Meili, l. c. S. 43 ff.

teilung des Schuldenstandes. Falls das fragliche Gemeinwesen Budgets nicht veröffentlicht, muss dies im Prospekte ausdrücklich hervorgehoben werden.

Im Falle der Spezialsicherstellung durch Einnahmen aus Zöllen oder dergleichen ist über die Form der Sicherstellung und die bisherigen Erträgnisse des Sicherstellungsobjektes Auskunft zu geben.

Wird die Sicherstellung durch Garantie seitens eines Dritten geleistet, so sind die Verhältnisse darzulegen, welche für Beurteilung des Wertes dieser Garantie von Erheblichkeit sind.

Neuerdings will die deutsche Börsen-Enquête-Kommission in der Verwertung des Prinzips der Publizität noch weiter gehen, indem sie ausser der Mitteilung des letzten Budgets im Prospekte auch die Angabe der wesentlichen Ergebnisse der Abschlüsse der letzten drei Jahre sowie andere Verschärfungen (wie z. B. Beseitigung bezw. Beschränkung einiger in der Berliner Börsenordnung von 1885 für gewisse Staaten noch zugelassener Vergünstigungen) verlangt.

Ausser diesen für die Börsenordnungen bestimmten, ins Detail gehenden Vorschlägen machte die Börsenkommission in den letzten Jahren auch solche bezüglich der Einrichtung einer Emissionsbehörde auf dem Wege der Reichsgesetzgebung.

Dieselben waren veranlasst durch die überhand nehmende Unsicherheit im Staatspapierverkehr und bezweckten, dem Reiche bei drohenden oder vorliegenden Zahlungseinstellungen in ausländischen Staaten eine gewisse Kompetenz zum Einschreiten zu geben.

Diesen Zweck hat man nunmehr durch den Erlass des neuen deutschen Börsengesetzes vom 22. Juni 1896 erreicht. Denn dasselbe enthält in gedachter Richtung[1]) eine Reihe der einschneidendsten Bestimmungen.

So ist durch § 6 des Gesetzes dem deutschen Bundesrat die Befugnis gegeben, für bestimmte Geschäftszweige die

---

[1]) Nebenbei sei bemerkt, dass das deutsche Börsengesetz auch eine Haftpflicht der emittierenden Personen für den infolge unrichtiger oder unvollständiger Angaben im Emissionsprospekte erwachsenen Schaden statuiert hat. Vgl. die §§ 43, 44, 45, 46, 47 des Gesetzes.

Benutzung der Börseneinrichtungen zu untersagen oder von Bedingungen abhängig zu machen. Hiedurch ist der Bundesrat in der Lage bezw. berechtigt, sowohl für Wertpapiere als für Waaren die Benutzung der Börseneinrichtungen zu untersagen, wenn Waaren oder Wertpapiere in den Kreis des Börsenhandels gezogen werden, die dazu nicht geeignet sind[1]).

Ferner können im Rahmen des Reichsgesetzes und der auf Grund desselben vom Bundesrat erlassenen Vorschriften die Landesregierungen der Einzelstaaten die Aufnahme bestimmter Vorschriften in die Börsenordnungen (z. B. über den Inhalt der Emissionsprospekte) bewirken und so selbständig und in mafsgebender Weise auf deren Inhalt einwirken, ja sogar den Erlass der Börsenordnung überhaupt an sich ziehen. (§ 4 ff. des Gesetzes)[2]).

Endlich sind, was das wichtigste ist, nach § 36 des Gesetzes die auf Grund des Gesetzes bei jeder Börse im Deutschen Reich bestehenden »Zulassungsstellen« befugt

1. Emissionen nicht zuzulassen, durch welche erhebliche allgemeine Interessen geschädigt werden oder welche offenbar zu einer Übervorteilung des Publikums führen,
2. zum Börsenhandel zugelassene Wertpapiere von demselben auszuschliessen.

Lediglich die Zulassung deutscher Reichs- und Staatsanleihen darf nicht versagt werden[3]).

---

[1]) Vgl. Apt, Das Börsengesetz, Berlin 1896, S. 58 Anm. 1 (Kommissionsbericht S. 2).

[2]) Vgl. Apt, l. c. S. 57 Anm. 1 (Amtliche Begründung S. 26).

[3]) Der § 36 des deutschen Börsengesetzes lautet vollständig:

»Die Zulassung von Wertpapieren zum Börsenhandel erfolgt an »jeder Börse durch eine Kommission (Zulassungsstelle), von deren Mit»gliedern mindestens die Hälfte aus Personen bestehen muss, welche nicht »ins Börsenregister für Wertpapiere (§ 54) eingetragen sind.

»Von der Beratung und Beschlussfassung über die Zulassung eines »Wertpapiers zum Börsenhandel sind diejenigen Mitglieder ausgeschlossen, »welche an der Einführung dieses Wertpapiers in den Börsenhandel be-

Die angeführten Bestimmungen sind für Staaten und Staatsgläubiger von höchster Bedeutung, indem sie geeignet sind, eine völlige Änderung des bisherigen Verhaltens der Staaten gegenüber den Bankerotten anderer Staaten herbeizuführen.

In ihnen spricht sich die klare Erkenntnis aus, dass innerstaatliche Mafsregeln von rein präventivem Charakter — so wertvoll dieselben an sich sind — zum Schutze der Staatsgläubiger bei Staatsbankerotten heutzutage nicht mehr ausreichen, dass vielmehr auch eine direkte Bekämpfung des Staatsbankerottes mit Repressivmitteln notwendig ist, eine solche jedoch nur auf Grund rechtlicher und zwar insbesondere völkerrechtlicher Institutionen bethätigt werden kann. Denn Mafsregeln wie die Nichtzulassung oder der Ausschluss fremder Wertpapiere sind — materiell wenigstens — nichts anderes als völkerrechtliche Repressivmittel und zwar haben sie entweder den Charakter einer Retorsion oder einer Repressalie.

Es ergibt sich dies aus folgender Betrachtung:

Zu den Rechten eines Staates gehört auch das Recht, im Interesse seiner Existenz auswärtige Anleihen aufzunehmen.

»teiligt sind; für die ausscheidenden Mitglieder sind Stellvertreter nach näherer »Bestimmung der Börsenordnung zu berufen.

»Die Zulassungsstelle hat die Aufgabe und die Pflicht:

»a) die Vorlegung der Urkunden, welche die Grundlage für die zu »emittierenden Wertpapiere bilden, zu verlangen und diese Urkunden zu »prüfen;

»b) dafür zu sorgen, dass das Publikum über alle zur Beurteilung der »zu emittierenden Wertpapiere notwendigen thatsächlichen und rechtlichen »Verhältnisse soweit als möglich informiert wird, und bei Unvollständigkeit »der Angaben die Emission nicht zuzulassen;

»c) Emissionen nicht zuzulassen, durch welche erhebliche allgemeine »Interessen geschädigt werden oder welche offenbar zu einer Übervorteilung »des Publikums führen.

»Die Zulassungsstelle darf die Emission ohne Angabe von Gründen »ablehnen. Im Übrigen werden die Bestimmungen über die Zusammen»setzung der Zulassungsstelle sowie über die Zulässigkeit einer Beschwerde »gegen deren Entscheidungen durch die Börsenordnungen getroffen. Die »Zulassungsstelle ist befugt, zum Börsenhandel zugelassene Wertpapiere von »demselben auszuschliessen.

»Die Zulassung deutscher Reichs- und Staatsanleihen darf nicht ver»sagt werden«.

Dieses Recht ist eine selbstverständliche Folge der Rechts- und Handlungsfähigkeit, mit einem Wort der Rechtspersönlichkeit des Staates, durch welche er befähigt ist, Rechte zu erwerben und zu behaupten und Verpflichtungen auf sich zu nehmen[1]).

Niemand hätte deshalb — wie auch Meili (l. c. S. 19) bemerkt — die legale Kompetenz, die Rechts- und Handlungsfähigkeit der Staaten speziell für die Aufnahme von Darlehen, Konstituierung und Ausgabe von Rententiteln zu beschränken.

Wie es nun aber möglich ist, dass ein fremder Staat seine Rechte nur zum Nachteil unserer einheimischen Unterthanen ausübt, so ist es auch möglich, dass die einheimische Regierung gegen diese nachteilige Ausübung fremden Rechtes Schutzmafsregeln ergreift, die eine Beschränkung der freien Bethätigung der Rechts- und Handlungsfähigkeit des fremden Staates darstellen. Es unterliegt deshalb auch keinerlei rechtlichem Bedenken, dass ein Staat in seinem und seiner Unterthanen Interesse an die Zulassung der von einem fremden Staat ausgegebenen Schuldverschreibungen zum einheimischen Börsenhandel Bedingungen knüpft[2]) und bei deren Nichterfüllung die betreffenden Schuldverschreibungen zum Börsenhandel nicht zulässt. Denn durch eine Emission von Schuldverschreibungen, welche z. B. nicht genügend gesichert sind, werden erhebliche allgemeine Interessen geschädigt (vgl. § 36 des deutschen Börsengesetzes) und es ist deshalb in einer solchen Emission eine unbillige bezw. nachteilige Ausübung fremden Rechtes zu erblicken.

Wenn nun auch in der Nichtzulassung der fraglichen Wertpapiere zum Börsenhandel kein Unrecht liegt, so ist darin doch unter Umständen ebenfalls eine nachteilige Rechtsübung des heimischen Staates zu erblicken, weil dadurch der fremde Staat in seinem Streben, neue Existenzmittel zu gewinnen, beeinträchtigt wird.

Es wird sonach durch die Nichtzulassung der betreffenden unsicheren Wertpapiere eine nachteilige Rechtsübung des

[1]) Vgl. Bluntschli, Das moderne Völkerrecht etc., S. 67 § 17 und S. 87 § 62.

[2]) Vgl. hiezu Meili, l. c. S. 43.

fremden Staates u. U. durch eine ebensolche des heimischen Staates vergolten und in einem derartigen Vorgehen erblickt das Völkerrecht eine Retorsion[1]).

Wohl zu unterscheiden von dem geschilderten Fall sind diejenigen Fälle, in welchen auf Grund einer Rechtsverletzung (im Gegensatz zur nachteiligen Rechtsübung), seitens des fremden Staates ein Ausschluss zugelassener Wertpapiere vom einheimischen Börsenhandel stattfindet. Eine Verletzung des Rechtes von Seite des fremden Staates liegt z. B. dann vor, wenn derselbe seine Zahlungen einstellt. (Vgl. hierüber unsere früheren Ausführungen S. 10 ff.) Werden nun auf Grund dieser Rechtsverletzung die in Frage kommenden Schuldverschreibungen des fremden Staates vom einheimischen Börsenhandel ausgeschlossen, so liegt darin eine eigenmächtige Handlungsweise des einheimischen Staates, durch welche er die Rechtswidrigkeit des fremden Staates vergelten will. Ein solches Vorgehen aber bezeichnet man nach dem Völkerrechte als Repressalie[2]).

Bei dem Umstande, dass das deutsche Börsengesetz die Befugnis zum Gebrauch der erwähnten Repressivmittel nicht nur dem Bundesrat, sondern auch den einzelnen Emissions-

---

[1]) Nach Bluntschli, l. c. S. 283 § 505, ist die Retorsion ein politisches Mittel, welches nicht bezweckt, Unrecht zu rügen, sondern einer nachteiligen Rechtsübung eines anderen Staates entgegenzuwirken. — Andere bezeichnen sie als ein Mittel, durch welches eine, gewöhnlich dem Privatrechtsverkehr der Staaten entspringende Unbilligkeit durch eine gleiche oder ähnliche vergolten wird. Vgl. Bulmerincq in Holtzendorffs Rechtslexikon, Leipzig 1881, Artikel »Retorsion«; Holtzendorff-Stoerk in Holtzendorffs Encyclopädie der Rechtswissenschaft, Leipzig 1890, S. 1325.

Das bei der Begriffsbestimmung der Retorsion neben den anderen Merkmalen erwähnte Moment, dass die Vergeltung einer nachteiligen Rechtsübung oder Unbilligkeit durch eine solche von gleicher oder ähnlicher Art erfolgen muss, fällt natürlich bei der Retorsion in Gestalt der Nichtzulassung fremder Wertpapiere zum einheimischen Börsenhandel weg. Es handelt sich eben in diesem Falle um eine neue, auf den modernen Verhältnissen beruhende, Erscheinungsform der Retorsion.

[2]) Es handelt sich dabei um eine sogen. »negative« Repressalie, indem »Ausschliessen« der Wertpapiere soviel bedeutet wie »Nichtmehrzulassen«. Vgl. unten S. 56.

behörden (Zulassungsstellen) übertragen hat, kann es freilich zweifelhaft sein, ob in formeller Beziehung alle Merkmale der völkerrechtlichen Retorsion und Repressalie vorhanden sind, da nach dem Völkerrecht der Suverän allein (ihm gleichgestellt ist nur der Präsident einer Republik als Repräsentant derselben, vgl. Bluntschli, l. c. S. 119) die Suveränitätsrechte und damit das Recht der Selbsthilfe besitzt[1]. Jedenfalls aber äussert sich — was die Hauptsache ist — die Anwendung jener Mafsregeln in ihren Folgen[2]) und Wirkungen, also in materieller Beziehung dem fremden Staat gegenüber thatsächlich als Retorsion oder Repressalie.

Die Thatsache nun, dass das Deutsche Reich gegen die zu erwartende oder erfolgte finanzielle Schädigung von Staatsgläubigern seitens auswärtiger Staaten Mafsregeln zulässt, die — mögen sie formell dem Völkerrechte angehören oder nicht — die Wirkung völkerrechtlicher Zwangsmittel besitzen, ist von ausserordentlicher Bedeutung für die zukünftige rechtliche Behandlung der auswärtigen Staatsschulden.

Denn dadurch erkennt der mächtigste Staat Europas indirekt an, dass die auswärtigen staatlichen Schuldverpflichtungen in gewisser Beziehung, nämlich in Bezug auf die Sicherung der Kontrahenten sowie in Bezug auf die Möglichkeit der Durchführung von Ansprüchen aus solchen Ver-

---

[1]) Vgl. Bulmerincq, l. c. Art. »Retorsion«. Aus Bulmerincqs Ausführungen geht übrigens hervor, dass an diesem Grundsatze nicht streng festgehalten wird, indem schon des Öfteren das Recht der Retorsionsverfügung nicht nur der obersten Gerichtsstelle in Justizsachen, sondern auch den übrigen Behörden innerhalb ihres Geschäftskreises zugesprochen wurde.

[2]) Die Folgen der Nichtzulassung werden im § 41 des deutschen Börsengesetzes aufgezählt. Der § lautet: »Für Wertpapiere, deren Zulassung zum Börsenhandel verweigert oder nicht nachgesucht ist, darf eine amtliche Feststellung des Preises nicht erfolgen. Geschäfte in solchen Wertpapieren sind von der Benutzung der Börseneinrichtungen ausgeschlossen und dürfen von den Kursmaklern nicht vermittelt werden. Auch dürfen für solche an der Börse abgeschlossenen Geschäfte Preislisten (Kurszettel) nicht veröffentlicht oder in mechanisch hergestellter Vervielfältigung verbreitet werden, soweit nicht die Börsenordnung für besondere Fälle Ausnahmen gestattet«.

pflichtungen den völkerrechtlichen Verträgen gleichgeachtet werden müssen.

In Anbetracht dessen darf auch die Doktrin nicht zögern, zu der Frage Stellung zu nehmen, ob es nicht an der Zeit ist, die auswärtigen Staatsschulden im Interesse der Gläubiger ein für alle Mal ausdrücklich völkerrechtlichen Normen zu unterstellen. Wir halten eine Änderung in der rechtlichen Behandlung staatlicher Schuldverpflichtungen nach dieser Richtung deshalb für sehr wünschenswert, weil dann ohne Weiteres auf völkerrechtlicher Grundlage, somit ohne Verletzung der staatlichen Suveränität[1]) und mit allen Mitteln, die das moderne internationale Recht dem Staatsgläubiger bei Verletzung seiner Rechte bietet, gegen vertragsbrüchige Staaten vorgegangen werden könnte. Nach gegenwärtigem Recht haben die staatlichen Schuldverpflichtungen materiell privaten Charakter und werden, wie wir oben (S. 15 ff. der Abh.) gesehen haben, auch formell den Instituten des Privatrechtes subsumiert; es können deshalb nach den bisherigen Grundsätzen der Theorie und der Staatspraxis bei ihrer Verletzung die Mittel, welche das Völkerrecht zur Bekämpfung und Ahndung von Rechtsverletzungen bietet, nicht ohne Weiteres, sondern nur auf Grund der speziellen Vereinbarung mehrerer Staaten[2]), oder höchstens auf Grund besonderer Staatsgesetze[3]) angewendet werden.

Die Verträge, auf welche das Völkerrecht und seine Exekutionsmittel ohne Weiteres Anwendung finden, werden von den Völkerrechtslehrern ausdrücklich und einzeln aufgeführt. Verträge mit Privaten, die staatliche Schuldverpflichtungen zum Gegenstand haben, befinden sich nicht darunter.

Bluntschli z. B., der Kodifikator des Völkerrechts, macht über die völkerrechtlichen Verträge folgende Angaben[4]):

Als völkerrechtliche Verträge im eigentlichen Sinne gelten

a) voraus die sogenannten Staatenverträge, d. h. die

---

[1]) Vgl. S. 11 und 45 der Abhandlung.

[2]) Durch eine derartige Vereinbarung entsteht nämlich sog. konventionelles Völkerrecht. Vgl. S. 48 f. der Abhandlung.

[3]) Vgl. S. 46 der Abhandlung.

[4]) Bluntschli, l. c. S. 249 f.

Verträge zwischen zwei oder mehreren Staaten von öffentlich-rechtlichem Inhalt;

b) sodann die zwischen untergeordneten Ämtern oder Gliedern verschiedener Staaten innerhalb ihrer Amts- oder Rechtssphäre abgeschlossenen Verträge über öffentliche Verhältnisse.

Als uneigentliche völkerrechtliche Verträge, weil nicht beiderseits durch Staaten geschützt, gelten:

a) Verträge zwischen suveränen Personen oder Dynastien unter sich oder mit fremden Staaten über persönliche oder dynastische Ansprüche auf Landesregierung oder Thronfolge;

b) Verträge des Staates mit fremden Privatpersonen über öffentliche Rechtsverhältnisse, wenn dieselben ausnahmsweise unter den Schutz des Völkerrechts gestellt sind;

c) Verträge des Staates mit der Kirche über staats- und kirchenrechtliche Verhältnisse, insbesondere die Konkordate der Staaten mit dem päpstlichen Stuhl.

Wie sofort klar ist, käme hier nur die bei den uneigentlichen völkerrechtlichen Verträgen unter b) erwähnte Vertragsart in Betracht und zwar lediglich insoferne, als zu untersuchen wäre, ob etwa deren Inhaltsmomente mit denjenigen der staatlichen Schuldverpflichtungen übereinstimmen.

Es soll gleich festgestellt werden, dass eine Übereinstimmung dieser Art nicht besteht.

Denn mag man auch annehmen, bei der Emission einer Anleihe handle es sich um ein öffentliches Rechtsverhältnis[1]), so ist doch dabei das beiderseitige Übereinkommen in der Regel nicht unter den Schutz des Völkerrechts gestellt. Es wäre dies nur der Fall, wenn einer oder mehrere andere Staaten den Gläubigern für die Durchführung ihrer Ansprüche ihren Schutz zugesagt hätten.

Denn unter Schutz des Völkerrechtes versteht man denjenigen Schutz, der von Seite eines dem Vertrag schliessenden

[1]) Was unserer Ansicht nach nicht der Fall ist; (vgl. S. 15 f. der Abhandlung).

Staate übergeordneten Staatswesens oder von mehreren demselben gleichgeordneten Staaten den Kontrahenten gewährt wird. Nur ein solcher Schutz hat positiven Wert, da er über die Hoheit und Macht eines Staates hinauswirkt[1]).

Doch auch ohne diese Deduktionen ergibt sich für uns das Resultat, dass die staatlichen Schuldverpflichtungen bislang nicht unter die völkerrechtlichen Verträge zu rechnen sind. Denn Bluntschli selbst hat hierüber keinerlei Zweifel gelassen, indem er in einer Note[2]) Folgendes ausführt:

»Verträge von bloss privatrechtlichem Inhalt sind, wenn gleich von zwei Staaten abgeschlossen, nicht völkerrechtlich, weil insofern die Staaten nicht als Staaten, sondern gleich Privatpersonen kontrahieren. Von der Art sind z. B. Darlehens-, Kauf- und Mietverträge, wobei es ganz gleichgiltig erscheint, ob Staaten oder ob Private dieselben kontrahieren. Nur wenn ausnahmsweise solche Verträge unter den Schutz des Völkerrechts gestellt worden sind, sodass sie einen Bestandteil wirklicher Staatenverträge bilden, oder eine staatliche Garantie erhalten haben, dann fallen sie insofern in das Gebiet des Völkerrechts«[3]).

Das einfachste Mittel, um völkerrechtlichen Schutz für die staatlichen Schuldverpflichtungen zu erlangen, wäre hiernach eine Garantie[4]) oder richtiger eine Bürgschaft[5]) dritter Staaten, wobei der oder die garantierenden Staaten die Verpflichtung zu übernehmen hätten, mit ihren finanziellen Mitteln für die Pflichten des schuldenden Staates einzutreten.

---

[1]) Vgl. hiezu Bluntschli, l. c. S. 250 Anm. 2.

[2]) Bluntschli, l. c. S. 249 § 442 Anm. 1.

[3]) Auch Zachariä von Lingenthal hat, in der Erkenntnis, dass die staatlichen Schuldverpflichtungen an sich (d. h. wenn sie nicht eigens dem Völkerrechte unterstellt werden) nicht nach völkerrechtlichen Normen behandelt werden können, schon folgenden Satz ausgesprochen:

»Angenommen z. B., dass eine Regierung ..... sich eines Wortbruchs gegen ihre auswärtigen Gläubiger schuldig macht, völkerrechtswidrig handelt sie gleichwohl nicht«.

Vgl. Zachariä, Vierzig Bücher vom Staat, Heidelberg 1843, V. S. 27, VII. S. 164—168.

[4]) Vgl. Holtzendorff-Stoerk, l. c. S. 1312.

[5]) Vgl. Bluntschli, l. c. S. 248 § 441 Anm.

Ganz abgesehen jedoch davon, dass sich sehr selten Staaten bereit finden lassen, sich in der geschilderten Weise zu verbürgen, so sind solche Garantieverträge auch insoferne bedenklich, als der Bürge im Interesse der Selbsterhaltung in kritischen Zeiten doch seine Hilfeleistungen immer von dem Stande der eigenen Staatsinteressen abhängig machen wird[1]).

Angesichts dieser Verhältnisse sowie auf Grund der Thatsachen, einmal, dass nur das Völkerrecht den Regierungen die Mittel an die Hand gibt, um den Staatsbankerott mit Erfolg direkt zu bekämpfen, sodann, dass die Staatsgläubiger Anspruch auf den Schutz des Völkerrechtes nur haben, wenn in ihrer Person Rechte missachtet worden sind, die von dem Völkerrechte gewährleistet sind[2]), halten wir es für höchst wünschenswert, dass die auswärtigen Staatsanleihen in Bezug auf die Möglichkeit der Durchführung der auf ihnen beruhenden Ansprüche Privater sowie in Bezug auf die Möglichkeit einer Exekution gegenüber dem Schuldner in gleicher Weise wie völkerrechtliche Verträge behandelt, dass sie also behufs Erzielung materieller Wirkungen (d. h. grösserer Sicherheit) formell dem Völkerrechte unterstellt werden.

Bekanntlich ist der Hauptinhalt des Völkerrechtes öffentliches Recht, insoferne es zunächst das Verhältnis der Staaten zu einander ordnet. Daneben ordnet das Völkerrecht aber auch die überall gleichmässig wirksamen und unter den Schutz der zivilisierten Welt gestellten oder die im Ver-

---

[1]) Vgl. Holtzendorff-Stoerk, l. c. — Meili erwähnt aus der neueren Zeit nur zwei Fälle der Einräumung von Personalsicherheit durch Bürgschaften anderer Staaten. 1855 garantierten England und Frankreich für eine Anleihe der Türkei (5 Mill. Ⅎ); 1885 garantierten Deutschland, Frankreich, Grossbritannien, Italien, Österreich-Ungarn und Russland für eine egyptische Anleihe (9 Mill. Ⅎ). Vgl. Meili, l. c. S. 40 Anm. 2. — Bezüglich Egyptens vgl. auch oben S. 26 Anm. 4 der Abh. Selbstverständlich sind Garantien wie die geschilderten auch für die Unabhängigkeit des borgenden Staates gefährlich. Vgl. Roscher, l. c. S. 628 § 136.

[2]) Vgl. hiezu Bluntschli, l. c. S. 69 § 23 in Verbindung mit S. 59 § 1.

hältnis zu verschiedenen Staaten anerkannten Rechtsverhältnisse der Privatpersonen[1]). Da nun dieser zweite Teil des Völkerrechts[2]) noch weniger entwickelt ist als der erste und nur einen mittelbaren Schutz, d. h. nur einen Schutz durch Vermittlung der Staaten gewährt[3]), so setzt der Genuss dieses Schutzes naturgemäss immer voraus, dass die in Frage kommenden missachteten Rechte der Privatpersonen (hier die auf auswärtigen Staatsschuldverpflichtungen beruhenden Rechte der Gläubiger) von den zu ihrem Schutze berufenen Staaten auch als völkerrechtlich zu schützende Rechte anerkannt werden.

Diese völkerrechtliche Anerkennung muss als das wirksamste Mittel zur Bekämpfung des Staatsbankerottes bezeichnet werden. Denn sobald einmal eine derartige Anerkennung erzielt ist, kann völkerrechtlich auf doppeltem Wege mit Mafsnahmen gegen die Kürzung der Rechte von Staatsgläubigern vorgegangen werden.

Einmal können die Regierungen geschädigter Gläubiger bei der diplomatischen Verfolgung von Ansprüchen aus staatlichen Schuldverpflichtungen eventuell auch ohne Weiteres die völkerrechtlichen Zwangsmittel zur Anwendung bringen[4]).

Ausserdem aber können auch unbedenklich gewisse völkerrechtliche Organe, wie Schiedsgerichte und förmliche internationale Gerichtshöfe zur Untersuchung und Prüfung der

---

[1]) Vgl. Bluntschli, l. c. § 1 Anm. 2.

[2]) Bluntschli (l. c.) nennt ihn »internationales Recht im engeren Sinne«.

[3]) Vgl. Bluntschli ibidem.

[4]) Nach dem gegenwärtigen Rechtszustand ist — streng genommen — die Anwendung solcher Zwangsmittel bei Staatsbankerotten nicht möglich (vgl. oben S. 40 der Abhandlung). Thatsächlich muss freilich das rechtliche Moment erforderlichenfalls hinter die Rücksicht auf das eigene Ansehen der Staaten, welchen geschädigte Gläubiger angehören, zurücktreten. Doch sucht eine Regierung, die mit schärferen, speziell mit kriegerischen Mafsregeln vorzugehen wünscht, nach europäischer Praxis in der Regel das Einverständnis der übrigen Mächte (wenigstens der grösseren) zu erlangen. Dieses Einvernehmen muss dann die völkerrechtliche Autorisation ersetzen.

Ansprüche von Staatsgläubigern bei Staatsbankerotten sowie internationale Kommissionen zum Zwecke einer Zwangsverwaltung der Finanzen des bankerotten Staates eingesetzt werden.

Die Suveränität der vertragsbrüchigen Staaten würde, sobald einmal die auswärtigen Staatsschulden dem Völkerrechte unterstehen würden, durch die geschilderten Mafsnahmen in keiner Weise verletzt werden. Denn es gibt, wie wir schon oben (S. 11 d. Abh.) festgestellt haben, eine Suveränität nur innerhalb völkerrechtlicher Schranken. Gegenüber dem Völkerrecht kann sich daher kein Staat auf seine Suveränität berufen, weil die Grundlage des Völkerrechts nicht die Willkür der Staaten, sondern die Gemeinschaft der Menschheit ist[1]).

Während also vom innerstaatlichen Standpunkt aus eine Jurisdiktion und Exekution gegen einen vertragsbrüchigen Staat ohne dessen Willen nicht möglich ist, kann vom internationalen Standpunkt aus gegen einen solchen Staat ohne Weiteres, d. h. auch gegen seinen Willen, mit Jurisdiktion und Exekution vorgegangen und derselbe insbesondere auch durch völkerrechtliche Mittel gezwungen werden, finanzpolitische und finanztechnische Reformen einzuführen[2]).

Bezüglich der rechtlichen Zulässigkeit einer so einschneidenden Mafsnahme, wie es die Stellung der auswärtigen Staatsschulden unter das Völkerrecht ist, ist zu bemerken, dass das gegenwärtige Völkerrecht eine derartige Anerkennung neuer völkerrechtlicher Grundsätze ausdrücklich vorsieht und zulässt. Bluntschli äussert sich hierüber folgendermassen:

»Die Anerkennung völkerrechtlicher Grundsätze kann von den Staaten ausgesprochen werden sowohl in völkerrechtlicher als in staatsrechtlicher Form. Sie kann gemeinsam von mehreren Staaten ausgesprochen werden auf Kongressen der Staatshäupter mit ihren Ministern oder in Konferenzen ihrer Gesandten oder Delegierten, durch Protokolle

---

[1]) Vgl. Bluntschli, l. c. S. 88 Anm. zu § 66, ferner S. 223 Anm. zu § 381.

[2]) Vgl. oben S. 28 d. Abhandlung.

oder in Staatsverträgen, sie kann aber auch einseitig durch Gesetze oder Verordnungen der Einzelstaaten erklärt oder in der völkerrechtlichen Übung dargestellt werden«[1]).

Diese Sätze geben uns zugleich Fingerzeige, wie die Gleichstellung auswärtiger Staatsschulden mit völkerrechtlichen Verträgen formell zum Ausdruck gebracht werden kann.

Die Gleichstellung kann hiernach sowohl eine generelle wie eine spezielle sein, sie kann von den Staaten sowohl in völkerrechtlicher als in staatsrechtlicher Form ausgesprochen werden; in völkerrechtlicher Form durch Fixierung in Staatsverträgen und Protokollen oder vermittelst einer Proklamation durch einen Völkerkongress (congrés des nations), in staatsrechtlicher Form einseitig durch Gesetze oder Verordnungen (z. B. Börsengesetze, Börsenordnungen).

Sehr wünschenswert wäre die Proklamation der Gleichstellung durch einen Völkerkongress; denn in einer solchen Proklamation gibt sich die Übereinstimmung der Völker (consensus gentium) kund und dieselbe hat als Ausdruck des gemeinsamen Rechtsbewusstseins der Menschheit grössere Wirkung als die Willensäusserung der einzelnen Staaten; die Übereinstimmung der Völker vermag auch weder durch den Widerspruch eines einzelnen Staates noch durch die Nichtbeachtung einer Rechtsregel in einzelnen Fällen entkräftet zu werden[2]).

Zur Methode der Gleichstellung auswärtiger Schulden mit völkerrechtlichen Verträgen auf dem Wege völkerrechtlicher Übung ist bezüglich der zukünftigen Staatsschulden zu bemerken, dass es sich sehr empfehlen würde, wenn bei der Emission neuer Anleihen in die Subskriptionsbedingungen

---

[1]) Vgl. Bluntschli, l. c. S. 64 § 12.

[2]) Vgl. Bluntschli, l. c. S. 65 § 13. Aus den angeführten Gründen verlangten auch z. B. die internationalen Friedenskongresse, welche 1842 in London ihren Anfang genommen und weiterhin in Brüssel, Paris, Frankfurt a. M. etc. stattgefunden haben, dass das Prinzip des »Schiedsspruchs«, auf welches auch wir später zurückkommen werden, von einem Völkerkongress proklamiert werde. Vgl. E. de Laveleye, Des causes actuelles de guerre en Europe et de l'arbitrage, Bruxelles 1873, S. 182 ff. Bulmerincq, l. c. Bd. III, 1 S. 558.

bezw. Emissionsprospekte eine Klausel aufgenommen werden würde, inhaltlich deren die aus dem Anleihevertrag sich ergebenden Rechte und Verpflichtungen nach völkerrechtlichen Normen zu beurteilen sind — Völkerrechtsklausel[1]).

Ein solches Verfahren hätte den Vorteil, dass in den einzelnen Streitfällen keinerlei Zweifel herrschte, ob völkerrechtliche Normen anzuwenden sind oder nicht.

---

[1]) Nicht zu verwechseln mit der später zu besprechenden »Schiedsgerichtsklausel«.

III.

Die Bekämpfung des Staatsbankerottes vom Standpunkte des internationalen Rechtes.

§ 7. Staatsbankerott und allgemeines Völkerrecht (internationales Recht im weiteren Sinn).

Wir gehen nunmehr über zur Einzeldarstellung der Mafsnahmen, welche aus dem internationalen Standpunkt gegen die Kürzung der Rechte von Staatsgläubigern ergriffen werden können.

Wir müssen hiebei vorausschicken, dass zwei Gruppen solcher Mafsnahmen zu unterscheiden sind. Die eine Gruppe besteht aus denjenigen Mafsnahmen, welche dem allgemeinen oder notwendigen[1]) Völkerrecht (dem internationalen Recht im weiteren Sinne) angehören, die andere aus denjenigen, welche auf dem sogenannten konventionellen[2]) Völkerrecht (dem internationalen Recht im engeren Sinne) beruhen.

Das notwendige Völkerrecht bindet, soweit seine Notwendigkeit reicht, nicht nur diejenigen Staaten, welche ihren Konsens zu den betreffenden Völkerrechtsnormen gegeben haben, sondern auch die Staaten, welche sich nicht erklärt haben, ja sogar dissentierende Staaten[3]). Zu dem notwendigen

---

[1]) Vgl. Bluntschli, l. c. S. 65 § 13 Anm. 2.
[2]) Vgl. Bluntschli, ibidem.
[3]) Vgl. Bluntschli, ibidem.

Völkerrecht gehören z. B. die Normen über die Suveränität, über den völkerrechtlichen Verkehr, über die Abschaffung der Sklaverei, über die Abschaffung der Kaperei, über das Kriegsrecht und die Genfer Konvention[1]), die Neutralität, die völkerrechtlichen Zwangsmittel u. dergl.

Das konventionelle, d. h. auf Vertragswillen beruhende Völkerrecht ist dagegen nur bindend für diejenigen Staaten, welche durch Verträge gewisse völkerrechtliche Normen vereinbart haben[2]).

Diese Normen bezwecken gewöhnlich die Regelung von Rechtsverhältnissen, die privaten Charakters sind, aber in dem ausgedehnten modernen Völkerverkehr ihren Ursprung haben. Hieher gehören die Normen über internationales Eisenbahnfrachtrecht, über internationales Urheberrecht, über die Aufstellung von Schiedsrichtern und das Verfahren vor denselben, über die Errichtung internationaler Gerichtshöfe, über internationale Zwangsverwaltung der Staatsschuld eines bankerotten Staates u. s. w.

Ebenso wie von dem notwendigen, so ist insbesondere auch von dem konventionellen Völkerrecht wohl zu unterscheiden das sog. »internationale Privatrecht«.

Der Ausdruck »internationales Privatrecht« will nichts anderes sein, als eine zusammenfassende Bezeichnung derjenigen in einem bestimmten Rechtsgebiete (Einzelstaat) geltenden Rechtsnormen, durch welche die internationalen Privatrechtsbeziehungen (z. B. die Erfordernisse für den Abschluss einer Ehe in einem für beide oder für einen Ehegatten fremden Lande) geregelt werden[3]).

Diese Auffassung des Begriffs »internationales Privat-

---

[1]) Diese Übereinkunft gehörte — wie schon der Name besagt — ursprünglich dem konventionellen Völkerrecht an. Nachdem gegenwärtig aber bereits 36 Staaten auf die Genfer Konvention verpflichtet sind (vgl. Holtzendorff-Stoerk l. c. S. 1331), muss sie dem allgemeinen Völkerrecht zugeteilt werden.

[2]) Vgl. Bluntschli l. c.

[3]) Vgl. Hugo Neumann, Internationales Privatrecht in Form eines Gesetzentwurfs nebst Motiven und Materialien, Berlin 1896, S. 20.

recht« wird auch von der deutschen Rechtsprechung geteilt. Letztere hat ihren Standpunkt dahin präzisiert:

»Es gibt zur Zeit kein internationales Privatrecht ausserhalb der einzelnen Privatrechtsordnung. Die Grundsätze, welche das anzuwendende Recht bestimmen, bilden einen Teil des inländischen Privatrechts« [1]).

Anderer Ansicht sind freilich v. Bar [2]) und Asser-Cohn [3]), welche in dem internationalen Privatrecht ein internationales Recht im eigentlichen Sinne erblicken, dessen Quelle die mit Notwendigkeit sich geltend machende »Natur der Sache« sei und ausserhalb der einzelnen Territorialgesetzgebung liege, welche letztere indessen für ihren Machtbereich Abweichendes bestimmen könne.

Wir sind mit Neumann der Ansicht, dass das sogen. internationale Privatrecht kein internationales Recht im eigentlichen Sinne ist und glauben überdies, dass vom Standpunkte jenes Rechtsgebietes aus eine Lösung der Staatsbankerottfrage nicht möglich ist [4]). Wir haben deshalb das sogen. »internationale Privatrecht« in unserer Abhandlung nicht weiter zu berücksichtigen.

Was nun zunächst die Mafsnahmen anbelangt, welche vom Standpunkte des allgemeinen (notwendigen) Völkerrechts aus gegen die Kürzung der Rechte von Staatsgläubigern

---

[1]) Vgl. Neumann, l. c. S. 19.

[2]) Theorie und Praxis des internationalen Privatrechts, 1889. I S. 4 ff., 105 ff.

[3]) Das internationale Privatrecht, Berlin 1880, S. 16. Vgl. Neumann, l. c. S. 19.

[4]) Anders allerdings Meili. Derselbe stellte (l. c. S. 8) folgenden Satz auf: »Jedenfalls handelt es sich (bei den Staatsschulden) stets um ein Rechtsgeschäft zivilistischer Art, das deswegen den Regeln des internationalen Privatrechts unterstellt werden muss, weil es sehr häufig zwischen einem Staatswesen und fremden Angehörigen eingegangen wird«. — Wir vermuten übrigens, dass Meili unter den »Regeln des internationalen Privatrechts« auch diejenigen Normen verstanden wissen will, die unserer Ansicht nach dem konventionellen Völkerrecht angehören. Es wäre dies insoferne sehr leicht erklärlich, als sich ja — wie wir bereits (S. 49 der Abhandlung) festgestellt haben — das konventionelle Völkerrecht hauptsächlich mit der Regelung der Durchführung von Privatansprüchen, die im Völkerverkehr ihren Ursprung haben, befasst.

ergriffen werden können, so handelt es sich dabei lediglich um die vom allgemeinen Völkerrechte bei Verletzung seiner Normen gewährten Exekutionsmittel, die nach fruchtlosem diplomatischem Vorgehen anzuwenden sind.

Der Kreis der zulässigen völkerrechtlichen Exekutionsmittel ist unserer Ansicht nach bei Staatsbankerotten entweder zu erweitern oder zu verengern, je nachdem den gedachten Zwangsmafsregeln der Erlass eines völkerrechtlichen Schiedsspruches beziehungsweise internationalen Gerichtsurteiles voraufgegangen ist oder nicht. Hat ein völkerrechtlich geordnetes Prozessverfahren stattgefunden und reagiert der bankerotte Staat nicht auf die ihn verurteilende Entscheidung, so tritt zu der Verletzung des Rechtes der Gläubiger eine neue Rechtsverletzung, bestehend in der Missachtung einer völkerrechtlichen Entscheidung.

In diesem Falle ist daher die Anwendung auch der schärfsten Mafsregeln gerechtfertigt.

Hat dagegen kein geordnetes Prozessverfahren, sondern nur eine diplomatische Verhandlung mit dem vertragsbrüchigen Staat stattgefunden, so dürfte der Kreis der gegenüber dem Staatsbankerott anzuwendenden Exekutionsmittel wesentlich zu beschränken sein.

Es ist nämlich zu berücksichtigen, dass es sich bei Staatsbankerotten nicht um einen mit Gefährdung oder Vernichtung des Lebens von Menschen verbundenen Raub, sondern um eine Verletzung pekuniärer Interessen handelt, die sich ohne gewaltsame körperliche Einwirkung auf die Betroffenen vollzieht.

Mit dieser Thatsache hat man schon in früheren Zeiten gerechnet und deshalb zunächst nach solchen Repressivmitteln gesucht, die ebenfalls des direkt gewaltsamen Charakters entbehren und nur indirekt auf den vertragsbrüchigen Staat wirken sollten.

Man kam dabei freilich oft zu eigentümlichen Resultaten.

So empfahl z. B. der Abbé St. Pièrre in seinem Memorial über den ewigen Frieden (Mémoire pour rendre la paix perpétuelle en Europe) die Bildung eines europäischen Staatenbundes und die Annahme folgender Bestimmung:

»Wer die Aussprüche des Bundes nicht anerkennt . . ., wird in die europäische Acht gethan und mit allen Mitteln zum Gehorsam gezwungen«[1]).

Eine derartige Ächtung wäre heutzutage ebenso undurchführbar, wie das Institut des bürgerlichen Todes (mors civilis), das etwa gegen Gemeinden verwendet wurde[2]).

Unserer Ansicht nach können heutzutage vom Standpunkte des allgemeinen Völkerrechts als Mafsregeln gegen den Staatsbankerott nur noch die Retorsion und die Repressalie in Betracht kommen und zwar beide in einer dem Charakter des modernen Staatsschuldenwesens angepassten Form.

Unter Retorsion versteht man — wie schon oben (S. 37 f. d. Abh.) bemerkt — im Wesentlichen die völkerrechtliche Vergeltung einer Unbilligkeit (im Gegensatz zum Unrecht) mit einer Unbilligkeit.

Als eine zu retorquierende Unbilligkeit wurde schon immer die nichtbefriedigende Behandlung der eigenen Unterthanen durch einen anderen Staat angesehen[3]). Speziell in Hinsicht auf die auswärtigen Staatsgläubiger kann bei dem modernen ausgedehnten Kapitalienverkehr die ungenügende Sicherung der den fremden Unterthanen offerierten Staatspapiere oder auch die Täuschung der Gläubiger über die finanzielle Lage des kontrahierenden Staates seitens dieses Staates den Charakter einer Unbilligkeit annehmen.

Die Vergeltung, welche nicht eine Strafe sein soll, sondern die Abstellung der verletzenden Unbilligkeit bezweckt[4]), kann — wie das deutsche Börsengesetz bereits statuiert hat — bestehen in der Nichtzulassung unsicherer Wertpapiere zum einheimischen Börsenhandel.

---

[1]) Vgl. Trendelenburg, Lücken im Völkerrecht (1872) S. 22; Meili, l. c. S. 19.

[2]) Vgl. Meili ibidem; Derselbe, Rechtsgutachten und Gesetzesvorschlag, betreffend die Schuldexekution und den Konkurs gegen Gemeinden S. 234 und 235.

[3]) Vgl. Bulmerincq, l. c. Art. »Retorsion«.

[4]) Vgl. Bulmerincq, ibidem.

Von der völkerrechtlichen Institution der Repressalie[1]) hat man bei Staatsbankerotten in der Weise Gebrauch machen wollen, dass der einheimische Staat das Recht haben sollte, auf das Privatvermögen der Angehörigen eines ausländischen Staates zu greifen, wenn eine offenbare Rechtswidrigkeit gegen den einheimischen Staat oder seine Angehörigen begangen und keine Genugthuung geleistet worden ist[2]).

Man ging dabei von der Annahme aus, es bestehe eine Haftpflicht der einzelnen Bürger für die Schulden der Gemeinden und Staaten[3]).

Nun ist es ja richtig, dass eine solche Haftung früher thatsächlich bestanden hat und zwar nicht nur im Altertum[4]), sondern auch das ganze Mittelalter hindurch.

Im Mittelalter speziell suchte man die Haftpflicht der Singuli mit dem Niederländer Hugo Grotius[5]) in der Weise zu rechtfertigen, dass man annahm, der Genosse eines Staates gelte vermöge eines tacitus consensus mit den Mafsregeln des Ganzen als einverstanden, er billige sie thatsächlich und kraft dieser Approbation erscheine er als eine Art Bürge des Staates.

Bei dieser Argumentation übersah man jedoch, dass wie im internen Civilrecht so auch im internationalen Recht eine Bürgschaft nur auf Grund einer ausdrücklichen Verpflichtung entstehen kann[6]).

Ist schon die Rechtfertigung des Instituts der Haftpflicht der Singuli schwierig, so ist es noch schwieriger, sich ein Bild davon zu machen, wie dieses Institut in der Neuzeit

---

[1]) Repressalie ist jede die Rechtswidrigkeit eines Staates vergeltende eigenmächtige Handlungsweise des verletzten Staates. Vgl. Bulmerincq, l. c. Art. »Repressalien«.

[2]) Vgl. Meili, Der Staatsbankerott etc. S. 32 ff.

[3]) Vattel z. B. (le droit des gens, 1839, II. XVIII § 344) rechnet das Privatvermögen zum Staatsvermögen und lässt daher auch ersteres für die Schulden des Staates haften.

[4]) Vgl. hierüber die interessanten Mitteilungen Meilis, l. c. S. 20 ff.

[5]) De jure belli ac pacis, Paris 1625. l. III cap. II unter I Nr. 2 und l. III cap. XIII unter I Nr. 2; Meili, l. c. S. 25.

[6]) Vgl. Massé, Le droit commercial dans ses rapports avec le droit des gens et le droit civil, 2. ed. 1861, I Nr. 127; Meili, l. c. S. 25.

durchgeführt werden sollte. In patriarchalischen Verhältnissen ist ja eine Durchführung der Haftpflicht allenfalls noch möglich — bei dem grossartigen Verkehrsleben der Neuzeit ist sie undenkbar.

Denn die Schuldtitel der heutigen Staaten sind zahllos, und auf dem grossen internationalen Terrain, auf welchem der Mensch sich jetzt bewegt, wäre kraft jenes Rechtssatzes kein Privatmann mehr sicher[1]). Die freie Bewegung würde ernstlich in Frage gestellt und überdies würde — was das Hauptgebrechen der Institution ist — die Haftpflicht häufig die Unschuldigen treffen.

Andererseits ist freilich die am meisten anerkannte Veranlassung zu Repressalien die Justizverweigerung und Justizverzögerung[2]) oder auch, insbesondere nach nordamerikanischer Praxis, die Nichtbezahlung einer Schuld durch Fremde an Staatsangehörige[3]).

Es liegt daher sehr nahe, anzunehmen, Repressalien könnten nach Analogie der nordamerikanischen Praxis auch bei Nichtbezahlung staatlicher Schulden angewendet werden, zumal in allen Staaten bei Bankerotten auch eine Justizverweigerung stattzufinden pflegt[4]).

Aber schon die Römer haben aus Gründen der Gerechtigkeit sich wiederholt entschieden gegen die Repressalie überhaupt ausgesprochen, »weil die Einzelnen nicht schuldeten,

---

[1]) Meili (l. c. S. 28) veranschaulicht dies durch den Hinweis darauf, welche Gefahr ein reicher Grieche oder ein wohlhabender Portugiese laufen würde, z. B. in Berlin zu erscheinen: welche verwirrende Unmasse von Staatstiteln würde ihnen zur Zahlung der Zinse präsentiert!

[2]) Vgl. Bartolus a Saxoferrato, Tractatus represaliarum 1354, qu. 1; Bynkershoek, Quaestionum iuris publici libri duo 1737, de foro legatorum XXII § 5; Wolff, ius gentium § 589; Wildman, Institutes of International Law 1849 I, 194; Wheaton, élém. de droit international 1848, I 276; Heffter, Das europäische Völkerrecht 1861 § 110; Bulmerincq, l. c. S. 444.

[3]) Kent, Commentaries on International Law, Cambridge 1866, I, S. 69 not. b; Bulmerincq, l. c.

[4]) Lediglich in Egypten ist es jetzt infolge des Einschreitens der Grossmächte den Ausländern ermöglicht, die dortige Regierung im Falle eines Bankerottes zu verklagen. Vgl. unten S. 66 ff. der Abhandlung.

was eine universitas schulde[1]), »weil man nicht Andere wegen fremder Angelegenheiten belästigen[2]) oder die Besitzung eines Anderen wegen fremder, öffentlicher oder Privatschulden in Anspruch nehmen dürfe«[3]); auch wurden gegen die illiberales pignorationes und die durch sie verursachten exactiones exosae, welche der Gesetzgebung schon vielfach Ärgernis gegeben, mannigfache Strafen verhängt, weil es für widersinnig erachtet wurde, dass ein Anderer der Schuldner und ein Anderer der Bezahler sei, oder dass jemand anstatt eines Anderen, der eine widerrechtliche Handlung verübt, bloss weil er mit diesem einen und denselben Ort bewohnt, beschwert, bestraft werde und ein Übel unschuldig erleide[4]).

Auch das kanonische Recht sprach sich gegen die pignorationes (vulgo: repressaliae), insbesondere an Geistlichen, aus und bedrohte die Zuwiderhandelnden mit kirchlichen Strafen[5]).

Gegenüber der später von der völkerrechtlichen Doktrin unternommenen Rechtfertigung[6]) der Repressalien betonte in neuerer Zeit Massé (l. c. I. S. 13 ff.), es sei jedenfalls unstatthaft, dass man Repressalien an den Gütern oder Forde-

---

[1]) L. 7 § 1 D. 3, 4.

[2]) L. un. C. 11, 56.

[3]) L. 4 C. 12, 61.

[4]) Nov. LII pr. und cap. I.

[5]) Vgl. Bulmerincq, l. c. S. 441.

[6]) Die Notwendigkeit bezw. Unentbehrlichkeit der Repressalie motiviert Bynkershoek (Quaest. iur. publ., 1737, I. XXIV) mit folgenden Worten: »Repressaliarum usum in totum tollere, eorum, qui non uni Principi subsunt, improbitas non patitur«. — Hugo Grotius leitet sie in der oben erwähnten Schrift (III. II. § II und V) aus dem ius gentium voluntarium ab und stellt den Satz als der Natur nicht widerstreitend auf, dass alle Güter eines Staates für seine Leistungen und Verpflichtungen, insbesondere auch zu Gunsten einer, einem fremden Anspruch nicht gewährten rechtlichen Genugthuung, haften. Dieser Satz sei durch Sitte und stillschweigenden Konsens eingeführt, sowie ja auch fideiussores sine ulla causa ex solo consensu verpflichtet würden. (Über die Anfechtbarkeit der Benützung dieses Arguments zur Begründung einer Haftpflicht der Singuli vgl. oben S. 53.) Wolle man solche Repressalien nicht einräumen, so würden häufig Rechtswidrigkeiten unvergolten bleiben und den Fremden nicht leicht Gerechtigkeit zu Teil werden.

rungen der einzelnen Unterthanen einer schuldenden Nation übe, anstatt an denen der Nation (des Staates) selbst.

Unserer Ansicht nach muss bei Anwendung von Repressalien anlässlich eines Staatsbankerottes einmal an dem von Massé vertretenen Grundsatze festgehalten werden, dass die Repressalie immer als gegen den Staat als solchen gerichtet erscheinen müsse.

Zweitens aber — und dies ist sehr wichtig — muss streng unterschieden werden zwischen positiver und negativer Repressalie.

Die positive Repressalie übt der verletzte Staat durch die Wegnahme von Sachen oder durch Verhaftung (auch Ausweisung) von Personen des Staates, welcher die Rechtsverletzung begangen hat, aus, wohingegen die negative Repressalie in der Vorenthaltung oder Verweigerung von Rechten oder in Nichterfüllung vertragsmässiger Verpflichtungen besteht[1]).

Gegenüber dem Staatsbankerott halten wir neben der Retorsion lediglich die negative Repressalie[2]), bestehend z. B. in der Nichterfüllung von Handelsverträgen oder in dem Ausschluss der Schuldverschreibungen des vertragsbrüchigen Staates vom einheimischen Börsenhandel (vgl. § 36 des deutschen Börsengesetzes) für zulässig. Denn man muss immer berücksichtigen, dass es etwas ganz anderes ist, wenn private Schuldverpflichtungen seitens eines Staates nicht oder nicht gehörig erfüllt werden, als wenn z. B. gegen Leben und Gesundheit von Personen seitens eines fremden Staates oder seitens fremder Staatsangehöriger Gewaltthätigkeiten verübt werden.

---

[1]) Vgl. v. Martens, Völkerrecht 1796, § 251; Klüber, Völkerrecht 1851, § 234 not. c; Wheaton, l. c. I S. 275; Wurm, Art. Völkerrechtliche Selbsthilfe in Rottecks Staatslexikon 1843, Bd. XIV S. 479; Bulmerincq, l. c. S. 442; Berner in Bluntschlis Staatswörterbuch 1864 Bd. VIII Art. Repressalien.

[2]) Die negative Repressalie ist wohl zu unterscheiden von der Retorsion. Denn die letztere ist nicht wie die Repressalie gegen Unrecht, sondern gegen eine unbillige Ausübung fremden Rechtes gerichtet. Vgl. oben S. 37 f.

Im letzteren Fall steht eine positive Repressalie im richtigen Verhältnis zur Schwere der Rechtsverletzung, im ersteren würde eine positive Repressalie selbst zum Unrecht werden[1].

Aus diesem Grunde kann auch die Anwendung der sog. Friedensblokade (blocus pacifique), d. h. einer Verkehrssperre ohne Krieg, bei dem Staatsbankerott ohne vorhergegangenes völkerrechtliches Prozessverfahren nicht gebilligt werden. Denn ganz abgesehen davon, dass eine derartige Sperre in der Regel ebenso schädlich für den sperrenden Staat wie für das gesperrte Land wirkt, indem sie den freien Umlauf der wirtschaftlichen Güter unterbindet und die Berührung der Menschen hemmt, so wird sie im Völkerrecht überhaupt nur bei ganz schweren Rechtsverletzungen angewendet[2].

Wie hieraus ersichtlich ist, sind die Mittel, welche das allgemeine Völkerrecht dem Staatsgläubiger ohne vorausgegangene Jurisdiktion zur Verfolgung von Ansprüchen aus staatlichen Schuldverpflichtungen gewährt, ziemlich beschränkt.

Weit mehr Aussichten auf einen vollwirksamen Schutz ihrer Rechte bietet den Staatsgläubigern das auf speziellen Vereinbarungen mehrerer Staaten beruhende konventionelle Völkerrecht, indem dasselbe nicht nur die Regelung einer völkerrechtlichen Jurisdiktion sowie einer völkerrechtlichen Zwangsverwaltung des Finanz- bezw. Staatsschuldenwesens der auswärtigen Staaten ermöglicht, sondern auch auf Grund des vorhergehenden geordneten Jurisdiktionsverfahrens eine Erweiterung des Kreises der völkerrechtlichen Exekutionsmittel zulässt.

---

[1]) So sagt auch Bluntschli, l. c. S. 283: Die Wahl und der Umfang der Repressalien richtet sich nach dem gerügten Unrecht. Unverhältnismässige Repressalien sind widerrechtlich.

[2]) Vgl. Bluntschli, l. c. S. 284 § 506.

§ 8. Staatsbankerott und konventionelles Völkerrecht (internationales Recht im engeren Sinn):

A. Der Schiedsspruch beim Staatsbankerott.

Was zunächst die Organisation einer völkerrechtlichen Jurisdiktion bei Staatsbankerotten betrifft, so ist es, um eine urteilsmässige Feststellung darüber zu erzielen, ob und in wie weit ein Staat seine eingegangenen Verpflichtungen verletzt hat und welche Mafsregeln derselbe zu treffen hat, um den Schaden wieder gut zu machen, das Einfachste und Zweckentsprechendste, die Entscheidung jener Fragen einem oder mehreren von den Kontrahenten aufgestellten Schiedsrichtern zu übertragen.

Denn solange ein reguläres internationales Gericht fehlt, ist von einem Schiedsgericht noch am ehesten zu erwarten, dass es die Rechtsverhältnisse zwischen Staaten und Gläubigern einheitlich und umfassend, entsprechend dem diesen Beziehungen beizulegenden internationalen Charakter, würdigen und unter freier Auslegung der gesamten jeweiligen Vertragsbestimmungen beiden Teilen gerecht werdende Folgerungen ziehen wird[1].

Im übrigen ist bezüglich der Frage, welche Fälle überhaupt sich vorzugsweise dazu eignen, von Schiedsgerichten untersucht und entschieden zu werden, in der Völkerrechtswissenschaft schon längst der Grundsatz zu allgemeiner Anerkennung gelangt, dass bei Streitigkeiten über Entschädigungsforderungen, zeremonielle Ansprüche und andere Dinge, welche nicht die Existenz und Entwicklung des Staates selbst betreffen, durch völkerrechtliche Vereinbarungen für ein geordnetes schiedsrichterliches Verfahren gesorgt werden muss, da bei derartigen Streitigkeiten der Krieg mit seinen notwendigen Kriegskosten und den unvermeidlichen Kriegsübeln ein ganz unverhältnismässiges Mittel ist, sich Recht zu verschaffen[2].

Schon im Jahre 1868 äusserte sich Bluntschli hierüber folgendermassen:

---

[1]) Vgl. hiezu Kaufmann, l. c. S. 19.

[2]) Vgl. Bluntschli, l. c. S. 279 § 498 sowie S. 34 ibidem.

»Es wäre nicht mehr zu früh für das humaner gewordene Rechtsbewusstsein der zivilisierten Welt, wenn endlich von einem Kongress der Staaten für derartige Fälle (Fälle von Geldforderungen etc.) der Krieg untersagt und ein schiedsrichterliches Verfahren zum Voraus angeordnet würde, durch welches solche kleine Händel billig geschlichtet werden sollen.«[1])

Die Entscheidung völkerrechtlicher Streitigkeiten durch Schiedsspruch (arbitrium, definitio bei den Römern, laudum bei den Neueren, arbitrage, arbitration) vermittelst unbeteiligter, von den streitenden Parteien gewählter Persönlichkeiten war übrigens bereits im Altertum sehr häufig[2]). So war z. B. in Athen gegen ein in Sachen eines Fremden und Einheimischen (deren Staaten durch Rechtsverträge — σύμβολα — mit einander verbunden waren) ergangenes Urteil die Provokation auf schiedsrichterliche Entscheidung an das Gericht des Staates des Fremden oder eines dritten unbeteiligten Staates (δικαστήριον ἔκκλητον, ἔκκλητος πόλις) gestattet[3]).

Die Römer ferner schlossen, veranlasst durch die Befehdungen der Angehörigen verschiedener Staaten sowie überhaupt durch die Rechtsunsicherheit mit anderen Staaten sog. Rekuperationsbündnisse, wonach durch besondere, für jeden einzelnen Fall von den Parteien gewählte oder auch durch den Magistrat bestellte recuperatores Streitigkeiten (causae privatae) zwischen Römern und Peregrinen verbündeter Staaten inappellabel entschieden werden sollten[4]). Für öffentliche Dissidien zweier Staaten waren die Rekuperatoren zwar nicht kompetent, wohl aber liessen die verbündeten latinischen Städte ihre Streitigkeiten von einem Bundesgericht schlichten und rechtsverbündete, Roms Superiorität anerkennende Staaten erhoben den römischen Senat zum Richter.

---

[1]) Vgl. Bluntschli, Das moderne Völkerrecht, 1. Aufl. Nördlingen 1868, S. 277. (Wiederholt in der 3. Auflage).

[2]) Bulmerincq in Holtzendorffs Rechtslexikon (1881) Artikel »Schiedsspruch« (Bd. III, 1 S. 554 ff.).

[3]) Vgl. Hefft er, Athen. Gerichtsverfassung, 1822 S. 339 ff.; Bulmerincq, l. c. S. 554; s. auch Meili, l. c. S. 63 und die dort (Note 1) angegebene Litteratur.

[4]) Vgl. Sell, Recuperatio der Römer, 1837, S. 307 ff.; Bulmerincq l. c.; s. auch Meili l. c. sowie Mommsen, Abriss des römischen Staatsrechts, 1893, S. 348.

Bis zu Bonifazius VIII. übten die Päpste das Schieds richteramt zwischen Fürsten, seitdem waren sie bis auf Leo XIII. nur noch Vermittler[1]). Erst der letzterwähnte Papst gab wiederum einen Schiedsspruch ab, nämlich am 17. Dezember 1885 in der Karolinenstreitfrage zwischen dem Deutschen Reich und Spanien[2]).

Im 14. und 15. Jahrhundert sind Schiedssprüche weltlicher Fürsten häufig[3]).

Um die Mitte des 13. Jahrhunderts wurde von den Genossen des deutschen Herrenstandes eine schiedsrichterliche Entscheidung ihrer Streitigkeiten durch die sog. »Austräge« vereinbart, wobei unparteiische Standesgenossen als Schiedsrichter fungieren sollten. Ihrem Beispiele folgten Kurfürsten, Fürsten und Fürstenmässige. Auch wurden Reichsstädte zu Austrägen privilegiert.

Nach Art. 11 der deutschen Bundesakte vom 8. Juni 1815 hatten die Bundesglieder ihre Streitigkeiten bei der Bundesversammlung anzubringen, nach fehlgeschlagener Vermittlung unterlagen sie einer endgiltig entscheidenden Austrägalinstanz. Der Bundesbeschluss vom 30. Oktober 1834 setzte ein Schiedsgericht auch für Streitigkeiten der Bundesglieder unter einander fest[4]).

Die Verfassung des Norddeutschen Bundes vom 16. April 1867 bestimmt in Art. 76: Streitigkeiten nicht privatrechtlicher Natur zwischen verschiedenen Bundesstaaten werden auf Anrufen des einen Teils vom Bundesrat erledigt. Fast gleichlautend ist die Bestimmung in der Verfassung des Deutschen Reichs vom 16. April 1871 Art. 76.

Während nun in den letzterwähnten Fällen ein Schiedsgericht nur für Streitigkeiten zwischen Staaten bezw. bei Streitigkeiten über öffentlich-rechtliche Punkte konstituiert wurde, hat nach der Revision der Schweizerischen Bundes-

---

[1]) Vgl. Bulmerincq l. c.

[2]) Vgl. v. Holtzendorff-Stoerk l. c.

[3]) Vgl. Pütter, Beiträge zur Völkerrechtsgeschichte 1843, S. 111 f., 159 f., 179 ff.; Bulmerincq l. c.

[4]) Vgl. v. Leonhardi, Das Austrägalverfahren des Deutschen Bundes 1838; Bulmerincq, l. c. S. 555.

verfassung vom 31. Januar 1874 das Bundesgericht u. a. auch über zivilrechtliche Streitigkeiten zwischen dem Schweizer Bund und den Kantonen einerseits und Privaten andererseits zu urteilen (Art. 110)[1]).

Hieran anknüpfend glauben wir, dass auch für die privatrechtlichen Streitigkeiten zwischen Staat und Staatsgläubiger die Bildung von Schiedsgerichten nach dem Schweizer Muster auf internationaler Basis sehr wohl möglich wäre[2]), umsomehr, als uns die Geschichte mehrere Beispiele bietet, dass bei Ansprüchen Privater gegen Staaten der Streit durch einen Schiedsspruch erledigt wurde.

So fällte z. B. bei einer Streitigkeit zwischen Bürgern der Vereinigten Staaten und Mexiko im Jahre 1839 der König von Preussen als Schiedsrichter die Entscheidung.

Am 1. August 1844 entschied die Königin von England über Schadensersatzforderungen Mexikos und von Mexikanern an Frankreich.

Im Jahre 1853 wurden Reklamationen seitens der Bürger resp. Unterthanen der Vereinigten Staaten von Nordamerika und Englands gegen den einen oder anderen Staat erhoben und durch je einen Kommissär von jedem Staat und den durch beide gewählten Josuah Bates aus London entschieden.

Am 16. April 1874 wurde eine Reklamation des Don Rafael Aquirre wider die Vereinigten Staaten durch einen Schiedsspruch des Obmannes Edward Thornton erledigt.

Auch die Reklamationen amerikanischer Bürger gegen Spanien infolge der Ereignisse auf Kuba sollten nach einer am 12. Februar 1871 in Madrid abgeschlossenen Übereinkunft gütlich beigelegt werden durch je einen Schiedsrichter beider Parteien und einen von diesen erwählten Obmann für den

---

[1]) Vgl. Bulmerincq l. c.

[2]) Robert v. Mohl sagte schon im Jahre 1860 (in seinen Monographien aus Staatsrecht, Völkerrecht und Politik — Völkerrechtliche Lehre vom Asyle — S. 764), »dass eine Ausdehnung des schiedsrichterlichen Verfahrens zur Ordnung einzelner bestimmter Fragen ein grosser Gewinn und keine thatsächliche Unmöglichkeit wäre«, womit den internationalen Schiedsinstanzen sogar eine legislative Wirksamkeit als möglich zugesprochen wird. Vgl. Bulmerincq l. c. S. 565.

Fall ihrer Nichtübereinstimmung. Dieser gütlichen Übereinkunft war ein Reglement für das Verfahren beigefügt, festgestellt durch die gemischte Kommission am 1. Juli 1872 [1]).

Alle diese Fälle dürften zur Genüge beweisen, dass die heutige Zeit bereits offensichtlich die Tendenz verfolgt, Streitigkeiten, welche Ersatz- bezw. Geldforderungen Privater gegen Staaten betreffen, stets auf gütlichem Wege, und zwar — in Ermangelung anderer Recht sprechender Organe — unter Zuhilfenahme von Schiedsrichtern beizulegen.

Ist diese Erscheinung schon sehr bemerkenswert, so ist es noch wertvoller für uns, die Thatsache konstatieren zu können, dass neuerdings in Verträge zwischen Staaten und Ausländern speziell über Staatsanleihen [2]) im Hinblick auf zukünftige Streitigkeiten eine Schiedsgerichtsklausel aufgenommen worden ist.

Um nur einen Fall dieser Art hervorzuheben: so sollten nach dem von der egyptischen Regierung unter Said Pascha mit den Gläubigern über die Staatsanleihe von 1862 geschlossenen Vertrag im Falle des Entstehens von Schwierigkeiten von den Parteien Schiedsrichter in gleicher Zahl ernannt werden, und, wenn diese sich nicht verständigen, in letzter Linie der türkische Grossvezier entscheiden [3]).

Es wäre sehr zu begrüssen, wenn nach dem Vorgange Egyptens in alle zukünftigen Anleiheverträge eine derartige Schiedsgerichtsklausel aufgenommen würde. Dieselbe würde zugleich das »Kompromiss« darstellen, welches nicht nur nach

---

[1]) Vgl. Bulmerincq, l. c. S. 559 ff.

[2]) In staatlichen Verträgen anderen Inhalts ist die Schiedsgerichtsklausel längst nichts Neues mehr. So hat die Schweiz schon eine ganze Reihe von Verträgen abgeschlossen, welche jene Klausel enthalten. Vgl. Meili, Geschichte und System des internationalen Privatrechts im Grundriss, Leipzig 1892, S. 133—136. Der Weltpostvereinsvertrag sieht ebenfalls ein Schiedsgericht vor. Auch Italien hat, ebenso wie die Niederlande, jene Klausel vielfach verwendet. Vgl. A. R. Zimmermann, Internationale arbitrage (Diss.), Leiden 1894 p. 92 und 93; ferner Bluntschli l. c. (3. Aufl.) S. 34 und Holtzendorff-Stoerk, l. c. S. 1312.

[3]) Vgl. Kaufmann, l. c. S. 18 f. und S. 19 Anm. 7.

zivil-, sondern auch nach völkerrechtlichen Grundsätzen eine wesentliche Vorbedingung eines Schiedsgerichtes ist[1]).

Bezüglich des Inhaltes dieses Kompromisses wäre noch Folgendes zu beachten:

Den Inhalt des Kompromisses bildet immer der zu entscheidende Gegenstand[2]) und es kann der Schiedsrichter nur über diesen und insoweit es im Kompromiss festgesetzt ist, entscheiden.[3])

Es wird deshalb bei Anleiheverträgen praktisch sein, im Kompromiss u. a. gleich genau festzustellen, ob und inwieweit die Gläubiger berechtigt sind, die interne Finanzverwaltung des schuldenden Staates zu prüfen, die Steuereingänge zu kontrollieren und Vorschläge oder Begutachtungen über Änderungen zu unterbreiten[4]).

---

[1]) Unter »Kompromiss« versteht man einen Vertrag zwischen den Parteien, wonach dieselben gesonnen sind, sich einem Schiedsspruch zu unterwerfen. Vgl. hiezu l. 11 §§ 1 und 3 D. 4,8; Bulmerincq, l. c. S. 555.

[2]) L. 21 § 6 D. 4,8.

[3]) L. 32 § 15 D. ibid.; Bulmerincq ibidem.

[4]) Mit derartigen speziellen Vereinbarungen in Anleiheverträgen hat in neuester Zeit bereits ein Staat — das Königreich Serbien — den Anfang gemacht, ohne freilich gleichzeitig auch einen Schiedsrichter für Streitfälle zu bestimmen. In den neuen 5%igen serbischen Rententiteln ist nämlich u. a. Folgendes bestimmt:

»Um die Sicherstellung der Inhaber des gegenwärtigen Anlehens zweifellos und wirksam zu gestalten, trifft die Königl. serbische Regierung auf Grund des Gesetzes vom 31. Dezember 1887/12. Jan. 1888 folgende Mafsregel: Es wird eine Spezialkassa der 5%igen auf die Verkehrssteuer fundierten Rente errichtet, welche unter die doppelte Kontrolle und den doppelten Verschluss je eines Vertreters der Regierung und der Obligationsinhaber gestellt wird und in welche alle Einnahmen aus der Verkehrssteuer unmittelbar auszufliessen haben. Die in diese Spezialkassa einfliessenden Fonds sind in erster Linie ausschliesslich zur pünktlichen Einlösung der Coupons und der gezogenen Obligationen des gegenwärtigen Anlehens zu verwenden und dürfen unter keinem Vorwande und aus gar keinem Grunde zu irgend einem anderen Zwecke verbraucht werden«.

Eine ähnliche Bestimmung ist auch in den 5%igen Goldpfandbriefen der Königlich serbischen Staats-Bodenkreditanstalt vom Jahre 1886, für die der serbische Staat solidarisch haftet, enthalten. Vgl. Meili, der Staatsbankerott etc., S. 76 f.

Ausserdem soll nach völkerrechtlichen Grundsätzen in das Kompromiss auch die Art der Entscheidungsnormen aufgenommen werden, namentlich, ob nach Recht oder Billigkeit zu entscheiden ist.

Bei der Lückenhaftigkeit oder auch mangelnden Gewissheit der geltenden völkerrechtlichen Bestimmungen wird nämlich neben dem Recht auch die Billigkeit als Entscheidungsnorm zuzulassen sein, da sonst vielleicht manche Streitigkeiten unentschieden bleiben müssten; und wenn auch im völkerrechtlichen Schiedsspruch über die wahren Rechte der streitenden Teile entschieden wird und dieselben nicht wie im Vergleichswege teilweise aufgegeben werden, so bedingt doch dieser Umstand noch nicht, dass Billigkeit ausgeschlossen bleibt.[1])

Zu Schiedsrichtern können gewählt werden:

1. Staaten, und zwar sowohl monarchische als republikanische;
2. Suveräne (auch Frauen);
3. Gerichtshöfe;
4. Rechtsfakultäten;
5. einzelne Privatpersonen, wie angesehene Staatsmänner, rechtsgelehrte Kommissarien, Rechtslehrer, namentlich Staats- und Völkerrechtslehrer[2]).

Auf den Inhalt des anlässlich eines Staatsbankerottes abzugebenden Schiedsspruches werden wir am Schlusse unserer nunmehr folgenden Besprechung des internationalen Gerichtshofes und Gerichtsurteiles zurückkommen, wie wir auch die Exekution noch einer speziellen Betrachtung unterziehen werden.

§ 9. **Staatsbankerott und konventionelles Völkerrecht.**

B. Internationale Gerichte.

Die Ausgestaltung eines einfachen Schiedsgerichtes zu einem förmlichen internationalen Gerichtshof und damit die Verwandlung des völkerrechtlichen Schiedsspruches in ein

---

[1]) Vgl. Bulmerincq, l. c. S. 555 f. und die dort angeführten Belegstellen (Pufendorf, Heffter).

[2]) Vgl. Bulmerincq, l. c. S. 556, sowie Bluntschli, l. c. S. 34.

reguläres, d. h. nur auf Rechtsnormen gegründetes und dadurch dem innerstaatlichen Zivilurteil ähnliches gerichtliches Urteil ist ein Projekt, welches sowohl die einzelnen Vertreter der Völkerrechtswissenschaft[1]), als auch insbesondere die internationalen Kongresse (zuletzt den von Budapest 1896) schon des Öfteren beschäftigt hat.

Freilich laufen die bezüglichen Bestrebungen nicht sowohl nur darauf hinaus, dass internationale Gerichtshöfe zur Entscheidung einzelner bestimmter Gruppen von Streitigkeiten geschaffen werden sollen, sondern dieselben haben die Errichtung eines permanenten internationalen Gerichtshofes für alle Streitigkeiten der Völker (»la création d'une cour permanente d'arbitrage«) zum Ziele.

Da nun aber die Schaffung eines derartigen Weltgerichtshofes in absehbarer Zeit wohl nicht zu erwarten sein wird, weil mit derselben eine Neuorganisierung der Staaten ver-

---

1) Unter anderen schlug Frederic Seebohm in seiner Schrift »On international reform, London 1871« anstatt eines court of arbitration »something tantamount in principle to an international judicial tribunal« vor. Vgl. Bulmerincq, l. c. S. 565. Auch Lorimer empfahl in der Revue de Droit Int. (1877, S. 200 f.) u. a. die Bildung eines völkerrechtlichen Gerichtshofes für Zivil- und Strafsachen.

Bluntschli (l. c. S. 110) befürwortet folgende Regelung der völkerrechtlichen Gesetzgebung und Gerichtsbarkeit:

A. Für grosse Völkerfragen:
   a) Europäischer Rat, aus sämtlichen Staatshäuptern oder ihren Stellvertretern, mit ungleicher Stimme (Grossmächte 3, Mittelmächte 2, kleine Staaten 1 Stimme) und
   b) ein europäischer Senat aus Capacitäten bestehend, von den Kammern der Einzelstaaten je auf eine Anzahl Jahre gewählt. (Grossmächte wählen je 10 Mitglieder, Mittelstaaten 4, kleine 2 Mitglieder). Der Senat verhandelt öffentlich. Gemeinsam mit dem Rat beschliesst er die völkerrechtlichen Gesetze und gibt in grossen Streitfragen seine Meinung ab. Der Entscheid ist bei dem Rate.

B. Für kleine Rechtssachen: Je nach Umständen ein völkerrechtliches Bundesgericht oder ein Schiedsgericht.

C. Für kleine Verwaltungssachen: Stehende Bundesämter (Posten, Telegraphen, Eisenbahnen, Schifffahrt) bestellt von dem europäischen Rat.

Die Ausführung dieser Gedanken siehe in der »Gegenwart« 1878.

bunden wäre, zu welcher sich die letzteren so schnell kaum verstehen werden, so wird es sich empfehlen, einstweilen wenigstens zur Schlichtung von Streitigkeiten, welche nicht in das Gebiet der höheren Politik fallen, jeweils kleinere international kombinierte Gerichte zusammentreten zu lassen.

Die jeweilige Einsetzung solcher Gerichte speziell zur Schlichtung von Streitigkeiten aus staatlichen Schuldverpflichtungen lässt sich schon aus dem einfachen Grunde direkt befürworten, weil solche Gerichte sich vorzugsweise zur Entscheidung privatrechtlicher Fragen eignen, während das Anrufen von Schiedsrichtern zur Entscheidung solcher Fragen nur ein Notbehelf ist und nach bisheriger völkerrechtlicher Praxis in der Regel auch nur in denjenigen Fällen zu geschehen pflegte, bei denen es sich gleichzeitig und vorwiegend um politische Fragen handelte. Exklusiv politische Fragen könnten dann in Zukunft ausschliesslich durch Schiedssprüche der bisherigen Art erledigt werden.

Ferner ist nicht zu verkennen, dass ein internationaler Gerichtshof noch eher als ein einfaches Schiedsgericht berufen wäre, dem geschädigten Gläubiger zu seinem Rechte zu verhelfen und einen vertragsbrüchigen Staat zur Erfüllung eingegangener Verpflichtungen anzuhalten. Denn die Urteile eines solchen, von vornherein von mehreren Staaten anerkannten Gerichtshofes würden sich zweifellos im Gegensatz zu Schiedssprüchen eines verstärkten Ansehens erfreuen und die beteiligten Staaten leichter zur Exekution veranlassen.

Zur praktischen Verwirklichung ist die Idee der Errichtung internationaler Gerichte für privatrechtliche Streitigkeiten bereits in Egypten gekommen, wie dieses Land überhaupt seit dem Jahre 1876 die verschiedenartigsten Reformen in Justiz und Verwaltung auf Grund völkerrechtlicher Vereinbarungen erlebte.

Da die in Egypten in Hinsicht auf Gerichtsbarkeit und Finanzverwaltung gegenwärtig bestehenden Institutionen für die Frage der Bekämpfung des Staatsbankerottes typisch sind, so haben wir Veranlassung, hier näher auf dieselben einzugehen.

Am 1. Februar 1876 trat in Egypten eine internationale Gerichtsreform in Kraft, durch welche sog. gemischte Gerichte

(»tribunaux mixtes«) zur Entscheidung der Rechtsstreitigkeiten der egyptischen Regierung bezw. des Khedives mit Ausländern geschaffen wurden[1]). Die Organisation der gemischten Gerichte beruht auf dem »Règlement d'organisation judiciaire pour les procès mixtes en Égypte«[2]), während für ihre Entscheidungen die »Codes Egyptiens«[3]) mafsgebend sind. Beide, Règlement und Codes, beruhen auf internationalen Vereinbarungen Egyptens mit den fremden grösseren Mächten[4]).

Formell sind die gemischten Gerichte zwar egyptische Staatsbehörden und alle bei denselben angestellten Richter sind egyptische Staatsbeamte. Allein die Garantien der Unparteilichkeit und Unabhängigkeit derselben — insbesondere im Verhältnis zu der egyptischen Staatsgesetzgebungsgewalt — sind auf Grund jener internationalen Vereinbarungen derart rechtlich gesichert, dass diese Gerichtshöfe in Wirklichkeit internationale richterliche Organe bilden[5]).

Zunächst sind die Bestimmungen über die Organisation der gemischten Gerichte jeder einseitigen Abänderung seitens der egyptischen Staatsgewalt entzogen, weil sie eben auf internationalen Vereinbarungen beruhen. Nach den Organisationsbestimmungen sind die Gerichte mit Ausländern und Inländern zu besetzen. Die Verhältniszahl der ausländischen zu den inländischen Richtern ist sowohl für die Gerichte im

---

[1]) Es wurden drei Gerichte erster Instanz in Alexandrien, Cairo und Zagazig und ein gemischter Appellhof in Alexandrien eingesetzt. Das Gericht in Zagazig wurde später nach Ismailia verlegt; an Stelle des letzteren besteht jedoch jetzt nur noch eine Delegation in Mansourah. Vgl. Kaufmann, Das internationale Recht etc., S. 29 Note 1.

[2]) Vgl. Kaufmann, Das internationale Recht etc., S. 24.

[3]) Aus diesen »Codes Égyptiens« (eingeteilt in einen Code Civil, Code de Commerce und einen Code de Commerce Maritime) ist nicht nur das materielle bürgerliche Recht der Privatschulden, sondern auch das der Staatsschuld zu schöpfen. Vgl. Kaufmann, Das internationale Recht etc., S. 24 Note 2. — Die Codes sind von einem französischen Juristen entworfen und 1875 in Alexandrien erschienen. Es existiert eine neue Ausgabe derselben vom Jahre 1890 (Le Caire). Vgl. Kaufmann, Das internationale Recht etc., S. 25 Note 4 und Meili, l. c. S. 56 Note 3.

[4]) Vgl. Kaufmann, Das internationale Recht etc., S. 24 f.

[5]) Vgl. Kaufmann, Das internationale Recht etc., S. 29.

Ganzen, als auch für die einzelnen Spruchkollegien derselben bestimmt. Bei den Gerichten erster Instanz müssen unter 7 Richtern 4 Ausländer und 3 Eingeborene sein. Die Spruchkollegien bestehen aus 5 Richtern, unter welchen 3 Ausländer und 2 Eingeborene sich befinden müssen. Bei dem Appellhof müssen unter 11 Richtern 7 Ausländer und 4 Eingeborene sein. Die Entscheidungen werden von 8 Richtern gefällt, unter welchen 5 Ausländer und 3 Eingeborene sind. Den Vorsitz führt allenthalben ein von den Mitgliedern des betreffenden Gerichtes zu bezeichnendes ausländisches Mitglied desselben.

Formell ernennt zwar die egyptische Regierung alle Richter. Allein nach den gesetzlichen Vorschriften werden die Personen der ausländischen Richter thatsächlich von den verschiedenen ausländischen Regierungen bestimmt. Denn nach ausdrücklicher Vorschrift des erwähnten »Règlement d'organisation judiciaire pour les procès mixtes en Égypte« (Art. 5) stellt die egyptische Regierung, welche sich dieserhalb an die betreffenden fremden Justizminister wenden muss, nur solche Ausländer als Richter an, welche von ihrer Regierung die Einwilligung und Ermächtigung zur Übernahme des Amtes erhalten haben[1]).

Veranlassung zur Konstituierung derartiger Gerichte in Egypten war auf Seiten der egyptischen Regierung der Wunsch, in Zukunft nicht mehr willkürlichem diplomatischem Druck ausgesetzt zu sein, auf Seiten der europäischen Mächte sowie der Vereinigten Staaten von Nordamerika dagegen das Bestreben, ihren Nationalen eine unparteiische, mit allen Rechtsgarantien ausgestattete Rechtspflege zu sichern.

Vor der Gerichtsreform boten nämlich die von der egyptischen Regierung bezw. dem Khedive vollkommen abhängigen egyptischen Behörden den seit Mitte dieses Jahrhunderts immer stärker gewordenen Fremdenkolonien keine Garantie einer unparteiischen Rechtsprechung, da die Unbegrenztheit der Macht des Khedives gegenüber seinen Unterthanen und Behörden jede Unabhängigkeit der letzteren ihm

[1]) Vgl. **Kaufmann**, l. c. S. 29 und 30.

gegenüber unmöglich machte[1]). Hiezu kam dann noch, dass der egyptische Staat infolge finanzieller Misswirtschaft in schwere finanzielle Kalamitäten geraten war und dadurch die Rechte und Interessen seiner Gläubiger in hohem Mafse gefährdet und beeinträchtigt wurden[2]).

Diese Zustände hatten für den egyptischen Staat und den Khedive selbst schliesslich noch nachteiligere Folgen, als für die ausländischen Gläubiger derselben.

Denn die Rechtsunsicherheit gab den ausländischen Gläubigern einen Vorwand, um den Rechtsweg überhaupt zu vermeiden und unter Benutzung der international abhängigen Stellung Egyptens ihre Forderungen gegen die egyptische Regierung bezw. den Khedive auf diplomatischem Wege durch die Konsuln zu betreiben. Auf diese Weise machten sie die egyptische Regierung in ungemein weitgehender Weise für alle möglichen Handlungen, Unterlassungen und Unfälle verantwortlich. Die egyptische Regierung sah sich vielfach aus politischen Rücksichten genötigt, solche diplomatisch geltend gemachten Forderungen zu befriedigen, ohne dass die Frage ihrer rechtlichen Verpflichtung zu einer klaren, festen Entscheidung gekommen wäre[3]).

Nunmehr sind durch die internationale Gerichtsform in Beziehung auf das Verhältnis Egyptens zu seinen ausländischen Gläubigern nicht nur diese Missstände beseitigt, sondern es ist auch erzielt worden, dass der Staat, welcher als Schuldner Partei ist, als Träger der suveränen Staatsgewalt das seine Verpflichtungen regelnde Recht nicht mehr beliebig zu seinen Gunsten neu zu ordnen vermag.

Egypten und der Khedive sind vielmehr, wenn sie in derartige internationale Rechtsverhältnisse eintreten, dem internationalen Rechte unterworfen. Denn in Egypten gilt jetzt für solche internationale Rechtsverhältnisse nicht

---

[1]) Vgl. Kaufmann, l. c. S. 18.

[2]) Vgl. Kaufmann, Die Kommissare der Kasse der egyptischen Staatsschuld und das internationale Recht, Berlin 1896, S. 6.

[3]) Vgl. Kaufmann, Das internationale Recht etc., S. 18.

staatliches von der einen Partei abhängiges, sondern internationales, von beiden Parteien unabhängiges Recht[1]).

Egyptens staatliches Interesse ist andererseits gewahrt, indem ihm als Staat die Mitwirkung bei und eventuell die Initiative zu der etwa erforderlichen Abänderung dieses Rechtes im internationalen Wege zusteht[2]).

Nun ist es freilich nicht möglich, allein durch die Einrichtung internationaler Gerichte einerseits die rechtliche Stellung der Staatsgläubiger und andererseits auch die finanzielle Lage des in Frage kommenden Staates mit einem Schlage zu verbessern, und es kamen deshalb auch in Egypten in den Jahren 1876 bis 1880 noch fortgesetzt Verletzungen der Rechte von Staatsgläubigern vor[3]).

Immerhin war es — wie wir in Folgendem sehen werden — das internationale Recht, durch dessen fortgesetzte Anwendung man schliesslich eine bedeutende Besserung der Finanzlage Egyptens erzielt hat.

§ 10. Staatsbankerott und konventionelles Völkerrecht.

C. Internationale Zwangsverwaltung auswärtiger Finanzen und internationale Vermittlungsämter.

Bei der Besprechung des Wesens internationaler Ämter zur Verwaltung der Finanzen eines ganz oder teilweise zahlungsunfähigen Staates gehen wir behufs besserer Veranschaulichung am zweckmäfsigsten wiederum von der konkreten egyptischen Organisation dieser Art aus.

In Egypten bestand seit 1876 (Dekrete des Khediven vom 2. Mai und 18. November 1876) als einseitig selbständige Institution des egyptischen Staates die »Commission de la dette publique«, auch kurzweg »Caisse« genannt, welche die Aufgabe hatte:

1. die Gesamtrechte der Gläubiger zu vertreten,
2. den Schuldendienst zu verwalten, sowie

---

[1]) Vgl. Kaufmann, Das internationale Recht etc., S. 26.
[2]) Vgl. Kaufmann, ibidem und S. 27.
[3]) Vgl. Kaufmann, Das internationale Recht etc., S. 50 ff.

3. an der Finanzverwaltung teilzunehmen und sie speziell zu kontrollieren[1]).

Diese vom Khediven ernannte und aus Vertretern der Mächte Deutschland, Frankreich, Grossbritannien, Italien, Österreich-Ungarn und Russland zusammengesetzte Finanzverwaltungskommission wurde nun durch Artikel 39 des zur Regelung der festen Schuld Egyptens erlassenen Liquidationsgesetzes vom 17. Juli 1880 auf eine durchaus internationale Rechtsgrundlage gestellt[2]).

Nachdem sich nämlich die Notwendigkeit einer Neuregelung der egyptischen Finanzen herausgestellt hatte und es zugleich klar war, dass eine derartige Neuregelung nur mit grossen Opfern seitens der egyptischen Staatsgläubiger durchzuführen sei, so musste man wenigstens darnach trachten, dass jene Opfer unter die Gläubiger ohne Rücksicht auf deren Persönlichkeit und Nationalität verteilt würden.

Die Durchführung der Neuregelung in der gewünschten Weise war aber nur von einer vollständig unparteiischen und von allen interessierten Teilen unabhängigen, also einer internationalen Kommission zu erwarten, deren Mitglieder verpflichtet sind, neben thunlichster Berücksichtigung der allgemeinen Finanzverhältnisse des egyptischen Staates lediglich die Interessen der gesamten Gläubiger ohne Unterschied der Nationalität zu wahren, denen es also kraft (internationalen) Gesetzes insbesondere verwehrt ist, unter Preisgabe der Rechte einzelner Gläubiger oder Gläubigergruppen internationalpolitische Sonderinteressen ihres Heimatstaates zur Richtschnur ihres Handelns zu machen, und deren Dienstesverhältnisse ausserdem derart internationalrechtlich geregelt sind, dass bei vorzeitiger Dienstesentlassung sowohl der Heimatstaat des entlassenen Kommissars als auch der Khedive den anderen paktierenden Staaten und der Gläubigergesamtheit Rechenschaft schuldig sind[3]).

---

[1]) Vgl. Kaufmann, Das internationale Recht etc., S. 135.

[2]) Vgl. Kaufmann, Das internationale Recht etc., S. 74—79; Derselbe, Die Kommissare etc., S. 16.

[3]) Vgl. Kaufmann, Die Kommissare etc., S. 11, 14 und 24.

Nach Herstellung eines Einvernehmens mit Egypten verpflichteten sich deshalb die Grossmächte Grossbritannien, Frankreich, Deutschland, Italien und Österreich-Ungarn durch eine gemeinschaftliche Deklaration vom 31. März 1880 wechselseitig und im Voraus, das Werk einer von dem Khedive zu ernennenden Liquidationskommission anzunehmen. Ferner vereinbarten sie in der Deklaration, dieselbe zur Kenntnis der anderen Staaten zu bringen, welche an der Errichtung der internationalen gemischten Gerichtshöfe in Egypten teilgenommen hatten[1]), und die letzteren zum Anschlusse aufzufordern. Von diesen erklärten dann Russland und die Vereinigten Staaten von Nordamerika nach dem Zustandekommen des Liquidationsgesetzes der egyptischen Regierung ihre Zustimmung zu demselben, während die übrigen Staaten schon vorher der Deklaration der fünf Grossmächte vom 31. März 1880 beigetreten waren.

Durch die Gesamtheit dieser internationalen Rechtsakte ist es zu Wege gebracht, dass der Inhalt des Liquidationsgesetzes internationales Recht nicht blos für Egypten, sondern für alle bei der egyptischen Gerichtsreform beteiligten Staaten und speziell auch für die sechs europäischen Grossmächte geworden ist.

Die Gesamtheit dieser Staaten hat sich durch jene internationalen Rechtsakte gemeinschaftlich an den Inhalt des Liquidationsgesetzes gebunden, weil nur so eine umfassende, für alle Gläubiger verbindliche und gerechte Neuregelung der egyptischen Finanzverhältnisse möglich war[2]).

Infolge dieser internationalen Gesetzgebung und der internationalen Verwaltungseinrichtungen[3]) gewannen die Finanzen Egyptens allmählich derart an Stetigkeit und Zuverlässigkeit, dass der Kredit des Landes bedeutend stieg und Egypten nunmehr zu geringerem Zinse Geld zu erhalten vermag, als

---

[1]) Vgl. Kaufmann, Das internationale Recht etc., S. 21.

[2]) Vgl. Kaufmann, Die Kommissare etc., S. 16 ff.

[3]) Ausser der internationalen Commission de la dette publique besteht in Egypten auch eine internationale Spezialverwaltung der Eisenbahnen, Telegraphen und des Hafens von Alexandrien. Vgl. Kaufmann, Das internationale Recht etc., S. 148 f.

zu dem, welchen es für seine bisherigen Anleihen bezahlte. Es war deshalb möglich, mit Zustimmung der Grossmächte Konversionen vorzunehmen und auf diese Weise erhebliche Ersparnisse zu machen[1]).

Wir ersehen hieraus, dass das internationale Recht sogar einem zahlungsunfähigen Staat gegenüber — wie es Egypten vor den Reformen war — ausserordentlich heilsam zu wirken vermag.

Nun sagt man freilich, es sei nicht angängig, auch gegenüber anderen Staaten so umfassende und einschneidende Mafsregeln zu ergreifen, wie gegenüber Egypten[2]), und es hat dies eine gewisse Berechtigung insoferne, als nicht in jedem Land die Verhältnisse so eigenartig gelagert sind, wie gerade in Egypten.

Letzteres Land war zur Entwicklung eines Rechtszustandes auf internationaler Grundlage vorzugsweise geeignet und zwar deshalb, weil das Land selbst einen durchaus internationalen Charakter trägt, indem sich dort einerseits infolge politischer Ereignisse (Revolution, Krimkrieg), andererseits infolge des mächtigen Aufschwunges von Handel und Industrie sowie infolge der Erbauung des Suezkanals ausserordentlich viele Fremdenkolonien gebildet haben[3]).

Indessen wird die Frage, ob und inwieweit Mafsregeln der geschilderten Art auch in einem anderen Staat zur Anwendung kommen dürfen oder müssen, immer nur nach dem jeweiligen mehr oder minder entgegenkommenden Verhalten des betreffenden bankerotten Staates zu beantworten sein.

Erste Voraussetzung zur Anwendung jener Mafsregeln wird naturgemäss immer das Einverständnis des in Frage kommenden bankerotten Staates sein. Man wird also jeweils erst auf diplomatischem Wege eine Erklärung des bankerotten Staates zu erlangen suchen müssen, laut welcher er seine Finanzverhältnisse auf völkerrechtlicher Basis geordnet wissen wolle[4]).

---

[1]) Vgl. Kaufmann, Das internationale Recht etc., S. 109 f.

[2]) Vgl. Meili, l. c. S. 57.

[3]) Vgl. Kaufmann, Das internationale Recht etc., S. 20.

[4]) Über die Entbehrlichkeit einer solchen Erklärung und des Einverständnisses überhaupt vgl. S. 45 der Abhandlung.

Mag es sich im Übrigen mit der Anwendung jener einschneidenden Mafsregeln im einzelnen Fall verhalten wie es will: Aus den egyptischen Rechtsverhältnissen erhellt jedenfalls, dass das internationale Recht schon so weit fortgeschritten ist und uns so viele Mittel zur Bekämpfung des Staatsbankerottes an die Hand gibt, dass die in Europa übliche rein und exklusiv politische Intervention unbedenklich aufgegeben werden kann[1]).

Als das erspriesslichste jener Mittel ist die Einsetzung einer internationalen Verwaltungs- und Kontrollkommission zu betrachten, welche die Doppelaufgabe hat, die Rechte und Interessen von Staatsgläubigern zu wahren und zu vertreten[2]), und dabei thunlichst auf die allgemeinen finanziellen Interessen des in Frage kommenden bankerotten Staates Rücksicht zu nehmen[3]), deren Hauptthätigkeit hiernach eine vermittelnde sein wird.

Bei allen Streitigkeiten zwischen Staaten und Privaten sind derartige vermittelnde Organe kaum zu entbehren.

Speziell bei Staatsbankerotten ist ein besonderes Organ für die Vertretung der Gesamtheit der Gläubiger unbedingt erforderlich, da diese Gläubiger fortwährend wechseln und sich gegenseitig unbekannt sind, so dass dieselben in ihrer Gesamtheit ausser Stande sind, ein der Verpflichtung des Staates entsprechendes Recht geltend zu machen[4]).

Es ist deshalb auch vor allen Dingen notwendig, dass bei Staatsbankerotten die Staatsgläubiger oder Gruppen derselben von Anfang an Komités bezeichnen, die beauftragt werden, die Interessen der Gläubiger zu wahren[5]).

Finden dann diese Komités bei ihren Unterhandlungen an einem bereits bestehenden oder jeweils zu errichtenden unparteiischen internationalen Vermittlungsamte einen Rück-

---

[1]) Vgl. auch Meili, l. c. S. 57 und 63.

[2]) Vgl. hiezu Kaufmann, Die Kommissare etc., S. 7 unten.

[3]) Vgl. hiezu Kaufmann, Die Kommissare etc., S. 8.

[4]) Vgl. Kaufmann, Das internationale Recht etc., S. 43 f.

[5]) Vgl. S. 9 der Abhandlung, sowie Meili, l. c. S. 52.

halt, so steigen naturgemäss die Chancen der Gläubiger, ganz oder teilweise zu ihrem Rechte zu kommen, bedeutend.

Bei allen internationalen Geld-, z. B. Währungsstreitigkeiten sind internationale Vermittlungsämter diejenigen Organe, welche allein geeignet sind, beide Streitteile zufrieden zu stellen.

Es ist sehr bemerkenswert, dass in den während der siebziger Jahre gegenüber den österreichischen Eisenbahngesellschaften von deren auswärtigen Gläubigern angestrengten sogen. Couponsprozessen[1]) die von deutschen und französischen Gläubigern angerufenen österreichischen Gerichte sich in ihren Erkenntnissen auf einem Standpunkte befanden, der dem der deutschen Gerichte, welche infolge der Arrestanlegung auf österreichische Eisenbahnwagen in der gleichen Sache zu entscheiden hatten, völlig entgegengesetzt war[2]).

Im Hinblick auf diese Erscheinung sagt Hartmann in seiner von uns schon des Öfteren zitierten Schrift »Internationale Geldschulden« mit Recht, der einzelne erkennende Zivilrichter sei, da seine Kompetenz eine beschränkte sei, bei Währungsstreitigkeiten weder ein ausreichendes, noch überhaupt ein normales und recht geeignetes Organ, um gegen ein fremdes Münzgesetz, wenn es etwa einmal ungerecht sein sollte, den davon betroffenen Bürgern seines Landes den erforderlichen Schutz zu gewähren[3]).

Von einem Ersatz dieses Organs durch ein geeigneteres spricht Hartmann freilich nicht. Als das allein zutreffende und angemessene Korrektiv gegen rechtswidrige Übervorteilungen, welche den eigenen Staatsangehörigen durch die Mafsregeln fremder Staaten im Währungskrieg etwa zugefügt werden sollten, bezeichnet er lediglich geeignete energische

---

[1]) Die österreichischen Eisenbahngesellschaften weigerten sich nämlich wegen der in den 70er Jahren eingetretenen Wertverschiebung von Silber zu Gold (Übergang Deutschlands von der Silberwährung zur Goldwährung; deutsches Münzgesetz vom 9. Juli 1873) ihren Gläubigern die Zinsen in dem auf den Obligationen normierten festen Betrage ausländischer Währung weiter zu zahlen. Vgl. Hartmann, l. c. S. 4, sowie E. J. Bekker, Über die Couponsprozesse der österreichischen Eisenbahngesellschaften und über die internationalen Schuldverschreibungen, Weimar 1881.

[2]) Vgl. Hartmann, l. c. S. 5 ff.

[3]) L. c. S. 57.

Schritte der Staatsgewalt, bestehend z. B. in völkerrechtlichen Repressalien [1]).

Demgegenüber möchten wir in erster Linie die Creierung internationaler Vermittlungsämter behufs gütlicher Beilegung auch der Währungsstreitigkeiten empfehlen, damit die immerhin odiosen und unter Umständen zweischneidigen Repressalien möglichst vermieden werden könnten.

Dabei wollen wir nicht unerwähnt lassen, dass nicht nur Egypten sein internationales Vermittlungsamt (in Gestalt der Caisse) hat, sondern dass auch in Europa bereits ein solches besteht. Das letztere hat allerdings mit dem egyptischen nur das gemein, dass es wie dieses auf Grund des konventionellen Völkerrechtes errichtet wurde und zur Vermittlung bei privatrechtlichen Streitigkeiten, die im internationalen Verkehr ihren Ursprung haben, zuständig ist. Es unterscheidet sich von dem egyptischen dadurch, dass es nur über Forderungen Privater (bezw. als Privatpersonen geltender Korporationen oder Verwaltungen) gegen einander und nicht über Forderungen Privater gegen einen Staat zu verhandeln hat, sowie dass ihm eventuell auch die richterliche Entscheidung über jene Forderungen zusteht.

Auf Grund des Artikels 57 des internationalen Übereinkommens über den Eisenbahnfrachtverkehr vom 14. Oktober 1890[2]) besteht nämlich in Bern das Eisenbahncentralamt, welches u. a. die Aufgabe hat: »Auf Begehren der Parteien Entscheidungen über Streitigkeiten der Eisenbahnen unter einander abzugeben und die durch den internationalen Transportdienst bedingten finanziellen Beziehungen zwischen den beteiligten Verwaltungen sowie die Einziehung rückständig gebliebener Forderungen zu erleichtern und in dieser Hinsicht die Sicherheit des Verhältnisses der Eisenbahnen unter einander zu fördern«. Die Einzelheiten des hiebei zu beobachtenden Verfahrens sind im Art. III des Reglements

---

[1]) Vgl. Hartmann, ibidem.

[2]) Vgl. Archiv für Eisenbahnwesen 1891, S. 692. Das Übereinkommen wurde abgeschlossen zwischen dem Deutschen Reiche, Belgien, Frankreich, Italien, den Niederlanden, Österreich-Ungarn, Russland, der Schweiz und dem Fürstentum Liechtenstein.

betreffend die Errichtung eines Centralamtes wie folgt dargestellt:

»Auf Verlangen jeder Eisenbahnverwaltung wird das »Centralamt bei Regulierung der aus dem internationalen Trans»porte herrührenden Forderungen als Vermittler dienen.

»Die aus dem internationalen Transporte herrührenden »unbezahlt gebliebenen Forderungen können dem Centralamte »zur Kenntnis gebracht werden, um die Einziehung derselben »zu erleichtern. Zu diesem Zwecke wird das Amt ungesäumt »an die schuldnerische Bahn die Aufforderung richten, die »Forderung zu regulieren oder die Gründe der Zahlungs»verweigerung anzugeben.

»Ist das Amt der Ansicht, dass die Weigerung hinreichend »begründet ist, so hat es die Parteien vor den zuständigen »Richter zu verweisen.

»Im entgegengesetzten, sowie in dem Falle, wenn nur »ein Teil der Forderungen bestritten wird, hat der Leiter des »Amtes, nachdem er das Gutachten zweier von dem Bundes»rat zu diesem Zweck zu bezeichnenden Sachverständigen ein»geholt hat, sich darüber auszusprechen, ob die schuldnerische »Eisenbahn die ganze oder einen Teil der Forderung zu »Händen des Amtes niederzulegen habe. Der auf diese Weise »niedergelegte Betrag bleibt bis nach Entscheidung der Sache »durch den zuständigen Richter in den Händen des Amtes.

»Wenn eine Eisenbahn innerhalb 14 Tagen der Aufforde»rung des Amtes nicht nachkommt, so ist an dieselbe eine »neue Aufforderung unter Androhung der Folgen einer ferneren »Verweigerung der Zahlung zu richten.

»Wird auch dieser zweiten Aufforderung binnen zehn »Tagen nicht entsprochen, so hat der Leiter von Amtswegen »an den Staat, welchem die betreffende Eisenbahn angehört, »eine motivierte Mitteilung und zugleich das Ersuchen zu richten, »die geeigneten Mafsregeln in Erwägung zu ziehen und nament»lich zu prüfen, ob die schuldnerische Eisenbahn noch ferner »in dem von ihm mitgeteilten Verzeichnisse[1]) zu belassen sei.

[1]) Bezüglich dieses Verzeichnisses sagt Art. 1 des Übereinkommens: Das gegenwärtige internationale Übereinkommen findet Anwendung auf alle Sendungen von Gütern, welche auf Grund eines durchgehenden Frachtbriefes

»Bleibt die Mitteilung des Amtes an den Staat, welchem »die betreffende Eisenbahn angehört, innerhalb einer sechs»wöchentlichen Frist unbeantwortet oder erklärt der Staat, »dass er, ungeachtet der nicht erfolgten Zahlung, die Eisen»bahn nicht aus der Liste zu streichen beabsichtigt, so wird »angenommen, dass der betreffende Staat für die Zahlungs»fähigkeit der schuldnerischen Eisenbahn, soweit es sich um »aus dem internationalen Transporte herrührende Forderungen »handelt, ohne weitere Erklärung die Garantie übernehme«.

Diese ganze Organisation zeigt uns, dass der Wunsch, für Forderungen privatrechtlicher Natur, die in dem Völkerverkehr ihren Ursprung haben, in einer internationalen Behörde Schutz und Hilfe zu finden, bereits allgemein verbreitet ist.

Naturgemäss ist es von grösstem Nutzen, wenn neben einem derartigen internationalen Vermittlungsamt — soferne es nicht selbst als Richter fungieren kann — auch ein internationales Gericht entweder besteht oder wenigstens jeweils für den einzelnen Fall gebildet wird, bei welchem die Gläubiger bezw. das vermittelnde Organ gegen den schuldnerischen Staat klagend auftreten können. Es ist deshalb auch an dem Gedanken der Bildung internationaler Gerichte für Angelegenheiten, welche Staatsschulden betreffen, unbedingt festzuhalten. Ob dieselben nun einfache »Schiedsgerichte« oder ordentliche Gerichte sind, ist dabei nicht so sehr von Belang, als die Thatsache, dass überhaupt internationale Recht sprechende Organe vorhanden sind.

Um noch kurz der speziellen Aufgaben, die diesen Gerichten in gleicher Weise wie den schiedsrichterlichen Organen zufallen würden, zu gedenken, so lassen sich dieselben dahin zusammenfassen, dass die Recht sprechenden Organe befugt sein sollen, je nach Lage der in Frage kommenden Staaten

a) in selbständiger Weise die ganze ökonomische Situation eines bankerotten Staates zu prüfen und durch Urteils-

---

aus dem Gebiete eines der vertragschliessenden Staaten in das Gebiet eines anderen vertragschliessenden Staates auf denjenigen Eisenbahnstrecken befördert werden, welche zu diesem Zwecke in der anliegenden Liste, vorbehaltlich der in Art. 58 vorgesehenen Änderungen, bezeichnet sind.

spruch zu erklären, dass derselbe bei Vermeidung der Exekution verpflichtet sei, die eingegangenen Schulden innerhalb eines bestimmten Zeitpunktes zu bezahlen,

b) eine temporäre Oberaufsicht der Staatsfinanzen durch die Zuziehung von Angehörigen anderer Staaten anzuordnen,

c) rechtswidrige Anordnungen aufzuheben, durch welche die internen Gläubiger begünstigt wurden oder welche im Widerspruch stehen mit speziell eingegangenen Verpflichtungen oder speziell eingeräumten Garantien,

d) auszusprechen, dass vom Gesichtspunkte der internen Ökonomie aus und nach einer verständigen Steuerpraxis gewisse Abgaben eingeführt werden sollten,

f) den Staat zur Ausstellung von sog. »Glücksscheinen« zu verurteilen, d. h. von Verpflichtungen, welche später und für den Fall realisierbar werden, dass der Staat wieder erstarkt sein wird[1]).

Der judicierende Gerichtshof hätte selbstverständlich jeweils alle Verhältnisse sorgfältig zu erwägen und es wäre hienach zuweilen unter Umständen eine Stundung (vielleicht sogar ein Nachlass) zu rechtfertigen, so z. B.:

1. in den Fällen einer grossen Epidemie;
2. nach einem grossen unglücklichen Kriege;
3. bei grossen Erdbeben und Überschwemmungen;
4. bei grossen Auswanderungen[2]).

§ 11. Die Exekution beim Staatsbankerott.

Nachdem wir in Vorstehendem angedeutet haben, wie etwa die Jurisdiktion bei Staatsbankerotten zu organisieren sei, obliegt es uns, auch der Exekution der zu fällenden Schiedssprüche oder Urteile mit einigen Worten zu gedenken.

Denn es ist naturgemäss für die Organisation der völkerrechtlichen Jurisdiktion von grosser praktischer Bedeutung, dass feststeht, ob die zu fällenden Schiedssprüche oder

---

[1]) Vgl. hiezu Meili, l. c. S. 50 f.

[2]) Vgl. hiezu Meili, l. c. S. 81.

Urteile auch wirklich exequiert werden bezw. ob wenigstens die Möglichkeit einer Exekution vorhanden ist[1]).

Wäre eine solche Möglichkeit nicht vorhanden, so würden die Staatsgläubiger nach Fällung einer richterlichen Entscheidung in der Regel gerade so weit sein wie vorher.

Es gibt allerdings, wie Meili (l. c. S. 80) ausführt, kein einziges Beispiel, wonach Urteile vereinbarter internationaler Gerichte ignoriert oder bestritten worden wären, obwohl schon ausserordentlich viele Entscheide dieser Art gefällt worden sind.

Wir sind mit Meili der Ansicht, dass diese wichtige Thatsache den kasuistischen Beweis dafür liefert, dass die Völker ein volles Verständnis für die Bedeutung internationaler Urteile haben und dass speziell kreditbedürftige Staaten immer mit der öffentlichen Meinung, welcher nicht nur im Privatleben der Einzelnen, sondern auch im Völkerleben eine hohe Bedeutung zukommt, rechnen müssen und auch thatsächlich damit rechnen. Zuzugeben ist ferner, dass schon die Möglichkeit, ein internationales Gericht anzurufen, heilsam auf bankerotte Staaten einwirken wird[2]).

Indessen ist es für das Ansehen internationaler Gerichte und ihrer Entscheidungen unbedingt notwendig, für die Exekution bei Staatsbankerotten wenigstens insoweit vorzusorgen, dass seitens der völkerrechtlichen Doktrin gewisse für die Zwangsvollstreckung mafsgebende Grundsätze aufgestellt werden.

---

[1]) So sagt auch Kaufmann in seiner Schrift »Das internationale Recht etc.« (S. 31 f.) über die Zwangsvollstreckung gegen den egyptischen Staat u. a. Folgendes: »Soweit die Zuständigkeit der gemischten Gerichte reicht, sind den ausländischen Gläubigern des egyptischen Staates und des Khedives alle rechtlichen Garantien für gerechte Urteile gegeben. Aber eine zuverlässige Rechtsprechung genügt allein nicht unbedingt. Die Urteile bedürfen der Durchführung. Es ist daher praktisch ausserordentlich erheblich, ob und eventuell inwieweit kraft der internationalen Gerichtsreform die Zwangsvollstreckung aus Urteilen gegen den egyptischen Staat und gegen den Khedive zugelassen ist«.

Zu bemerken ist hiebei, dass die internationalen Gerichte in Egypten eine Zwangsvollstreckung in einen Teil des Staatsvermögens, nämlich in den domaine privé de l'État gestatten.

Vgl. Kaufmann, l. c. S. 31 ff. und S. 37 Note 17.

[2]) Vgl. Meili, l. c. S. 81.

Von diesem Standpunkte aus möchten wir vorschlagen, bezüglich der Zwangsvollstreckung bei Staatsbankerotten nachfolgenden Grundsätzen allgemeine Anerkennung zu verschaffen und dieselben in die Staatspraxis einzuführen:

I. Zur Exekution von Schiedssprüchen oder Urteilen eines vereinbarten internationalen Organs, welche staatliche Schuldverpflichtungen betreffen, sind diejenigen Staaten berechtigt, welchen geschädigte Gläubiger angehören[1]).

II. Besteht die Gläubigerschaft aus Angehörigen verschiedener Staaten (was meistens der Fall sein wird), so haben diese Staaten das Recht, gemeinsam die Exekution durchzuführen oder dieselbe einem beteiligten Staat zu übertragen.

III. Jeder dieser Staaten hat zwar auch das Recht, allein für sich die Exekution durchzuführen, doch hat bei Anwendung kriegerischer Mafsregeln der exequierende Staat zur Vermeidung politischer Verwicklungen zwischen den Gläubigerstaaten sich des Einverständnisses der übrigen beteiligten Staaten zu versichern.

IV. Verzichten die Gläubiger auf Exekution, so haben sich auch der oder die Staaten, welchen die Gläubiger angehören, derselben zu enthalten, wie überhaupt jedes Einschreiten gegen einen bankerotten Staat nur auf Ansuchen der Gläubiger stattzufinden hat.

V. Unter allen Verhältnissen bleibt es unbedingt dem **Ermessen** und der **Politik** der berechtigten Staaten überlassen, ob und in welcher Weise sie von der Berechtigung zur Exekution Gebrauch machen wollen.

Bei Aufstellung dieser Grundsätze gehen wir von folgenden Gesichtspunkten aus:

---

[1]) Damit ist der überspannte Grundsatz »toutes les nations concourront à l'exécution des sentences arbitrales«, welcher auf dem spanisch-portugiesischen Kongresse vom Jahre 1889 vertreten wurde (vgl. Meili, l. c. S. 79), sehr wesentlich, aber in einer unseres Erachtens nach zweckentsprechenden Weise eingeschränkt.

Gegen Staaten können, wie sich aus der Natur der Sache ergibt, nur Staaten mit Exekution vorgehen[1]).

Deshalb muss auch bei einem Staatsbankerott ein Staat die Exekution für die Gläubiger übernehmen und zwar ist es das Nächstliegende, dass sich dieser Aufgabe der oder die Staaten unterziehen, welchen die Gläubiger angehören, da jene in der Regel das meiste Interesse daran haben, dass ihre Unterthanen nicht geschädigt werden.

Immerhin ist dieses Interesse nicht so gross, dass ein Staat zur Exekution zu schreiten hätte, auch wenn die Gläubiger dieselbe nicht wünschen.

Dass die Entscheidung darüber, ob und in welcher Weise von der Berechtigung zur Exekution Gebrauch gemacht werden soll, der Politik des berechtigten Staates überlassen werden muss, ist durch die Rücksicht auf möglichst lange Erhaltung des Friedens bedingt.

Es bedarf ja kaum der Erwähnung, dass diejenige Politik die beste ist, welche den Frieden am sichersten und längsten erhält, indem sie jeden Krieg zu vermeiden sucht, solange es mit Ehren nur irgendwie möglich ist.

Fürst Bismarck hat einmal gesagt[2]), »es sei das Recht und die Pflicht einer Landesregierung — und je grösser das Land, um so schwerer die Pflicht — dafür zu sorgen, dass der Friede überhaupt nicht gestört, dass verhütet werde, was den Frieden stören, was das Vertrauen in diesen Frieden erschüttern könnte«.

Es wäre deshalb ein Unding, eine Regierung durch Aufstellung eines bezüglichen völkerrechtlichen Grundsatzes[3]) von

---

[1]) Selbst wenn — was das heutige Völkerrecht als unzulässig erklärt — die Exekution (z. B. in Form einer positiven Repressalie) sich gegen einzelne Unterthanen des fremden Landes richten würde, so wäre zu dieser Exekution nicht der verletzte Gläubiger, sondern nur seine Regierung berechtigt, da das moderne Staats- und Völkerrecht nur der geordneten Staatsmacht gestattet, öffentliche Rechtsgewalt auszuüben. Vgl. hiezu Bluntschli, l. c. S. 283, Anmerkung zu § 503.

[2]) Vgl. Stein Philipp, Fürst Bismarcks Reden. Bd. IV S. 93.

[3]) Nämlich eines Grundsatzes, der etwa dahin lautete, dass der zur Exekution berechtigte Staat zu deren Durchführung bei Vorliegen einer völkerrechtlichen Entscheidung auch ohne Weiteres und unbedingt verpflichtet sei.

vornherein zu zwingen, wegen der immerhin nur pekuniären Interessen einer wenn auch noch so grossen Anzahl von Privatleuten, denen es bei dem Eintritt in ihre Beziehungen zu dem vertragsbrüchigen Staat unter Umständen nur um Spekulationsgewinn zu thun war, Blut und Geld zu opfern oder überhaupt nur den Frieden zu gefährden.

Wo bleibt dann aber das Recht? werden die geschädigten Staatsgläubiger fragen.

Nun, in der zitierten Rede des Fürsten Bismarck finden wir auch hierauf eine Antwort, indem jener dort weiterhin folgenden Satz ausgesprochen hat: »Über juristische Zwirnsfäden wird die königliche Regierung nicht stolpern in der Ausübung ihrer Pflicht, für den Frieden des Staates zu sorgen«, d. h. mit anderen Worten, wenn es sich um den Frieden handelt, kann nicht wie im innerstaatlichen Leben immer nach dem strengen Recht gehandelt und alles auf die »juristische Goldwage« [1]) gelegt werden.

Der Grund hiefür ist auch ganz klar: Es ist das Recht und die Pflicht der Selbsterhaltung, welche die Staaten veranlasst, unter Umständen die für gewöhnlich als »Recht« geltenden Normen zu überschreiten [2]), unter Umständen aber auch ein erlittenes Unrecht unvergolten lassen.

Obwohl es nun bei Anerkennung dieser Grundsätze vielfach ungewiss sein wird, ob ein Staat gesonnen ist, bei einem Staatsbankerott die Exekution durchzuführen, obwohl es vielmehr leicht möglich ist, dass der zur Exekution berechtigte Staat sich auch bei Vorliegen eines völkerrechtlichen Urteils noch mit diplomatischen Verhandlungen begnügt, so ist deswegen die völkerrechtliche Regelung der Jurisdiktion und Exekution doch keineswegs überflüssig.

Im innerstaatlichen Zivilprozess finden wir die Erscheinung, dass weitaus die meisten Urteile nur erwirkt werden, um einen andauernden Druck auf den Schuldner auszuüben, entweder weil dieser — wie der Gläubiger weiss — mittellos ist und deshalb eine Exekution zwecklos wäre, oder weil der

---

[1]) Diesen Ausdruck gebrauchte Bismarck an einer anderen Stelle. Vgl. Stein, l. c. Bd. III, S. 182.

[2]) Vgl. S. 19 ff. der Abhandlung.

Gläubiger den Schuldner aus irgend welchen Gründen zunächst noch schonen will. Gleichwohl ist natürlich die Zwangsvollstreckung in den Zivilprozessordnungen vorgesehen und geregelt, da nur vollstreckbare Urteile wirklichen Wert besitzen und weil es ja auch viele Fälle gibt, in welchen, wie bei Böswilligkeit des Schuldners, nur die Zwangsvollstreckung zum Ziele führt.

Ebenso wird man auch im Völkerrecht die Exekution zwar regeln, ihre Durchführung aber in den einzelnen Fällen dem Ermessen des zur Exekution Berechtigten bezw. der Politik der in Frage kommenden Staaten überlassen müssen.

Dabei werden wir aber voraussichtlich im Völkerleben viel häufiger als im innerstaatlichen Leben die Wahrnehmung machen, dass der Schuldner sich bei Vorliegen eines vollstreckbaren Urteils ernstlich bemüht, die Schuld — wenigstens allmählich — zu tilgen bezw. die Gläubiger in ihre Rechte wieder einzusetzen.

Denn jedem Staat müsste es unerträglich sein, fortwährend eine Exekution zu gewärtigen und so unter einem beständigen Bann und Druck zu leben, da die Autorität der betreffenden Staatsregierung bei Bestehen eines derartigen unhaltbaren Zustandes bedeutend leiden würde.

Jener Druck wird übrigens um so stärker und wirksamer sein, je mehr und je schärfere Exekutionsmittel beim Staatsbankerott völkerrechtlich zugelassen werden.

Freilich werden sich direkt kriegerische Mafsregeln, wie z. B. Beschlagnahme von Staatsvermögen, Wegnahme von Kolonien [1]), Flottendemonstration mit Bombardement, Blokade nur unter ganz besonderen Umständen, bei Rechtsverletzungen ganz schwerer Art rechtfertigen lassen. Hauptvoraussetzung und -Bedingung zu einem derartigen Vorgehen anlässlich eines Staatsbankerottes wäre jedenfalls, dass eine völkerrechtliche urteilsmäfsige Entscheidung über den betreffenden

---

[1]) Die Anwendung dieser Mafsregel wurde anlässlich des portugiesischen Staatsbankerottes von französischer Seite (vgl. Economiste français vom 24. Februar 1894 Nr. 8 pag. 229) wie folgt empfohlen:

». . . il y a une mesure très-simple, très-nette, tout-à-fait locale et très-efficace que soit la France et l'Allemagne, agissant de concert, soit la

Bankerott vorliegt, in welcher u. a. die Zahlungsfähigkeit des vertragsbrüchigen Staates ausdrücklich festgestellt sein muss.

Es ist jedoch daran festzuhalten, dass, wenn andere Mittel als kriegerische zu Gebote stehen und Erfolg versprechen, jene in erster Linie zur Anwendung kommen müssen. Ein solches Mittel wäre z. B. die früher erwähnte Friedensblokade, bei deren Anwendung jedoch ebenfalls die vollstreckbare Entscheidung eines vereinbarten völkerrechtlichen Organs vorliegen muss, da nur die Nichtbeachtung eines derartigen Urteils positive Repressalien rechtfertigt. (Vgl. oben Seite 51 und 57 der Abhandlung.)

In allen Fällen, in welchen keine derartige Entscheidung vorliegt, in welchen also kein geordnetes Prozessverfahren stattgefunden hat, wollen wir nur die Retorsion und die negative Repressalie, und zwar erstere in der oben geschilderten Form der Nichtzulassung der fremden Wertpapiere zum einheimischen Börsenhandel, die negative Repressalie dagegen in der Form des Ausschlusses zugelassener Wertpapiere des vertragsbrüchigen Staates von den Börsen, oder in der Form der Nichterfüllung von Verträgen oder der Vorenthaltung von Rechten, als Exekutionsmittel angewendet wissen.

Dabei liegt es, wie schon früher hervorgehoben wurde, im Interesse geordneter Zustände, dass die Schuldverpflichtungen, um welche es sich bei dem in Frage kommenden Staatsbankerott handelt, vorher ausdrücklich — sei es generell oder speziell — dem Völkerrechte unterstellt worden sind, da eben Retorsion und Repressalien jeder Art zu den völkerrechtlichen Exekutionsmitteln gehören.

France seule, peuvent effectuer aux applaudissements du monde entier, c'est le blocus et la prise en gage des colonies portugaises d'Afrique . . . Il n'en résultera aucun trouble dans le commerce général du monde. L'action sera légitime parfaitement conforme au droit des gens et à l'éternelle justice«. Meili (l. c. S. 79 u. 80) hält wie wir die Wegnahme von Kolonien nur auf Grund eines vorhergehenden gerichtlichen Verfahrens für zulässig und empfiehlt zugleich, eventuell bei einem solchen Verfahren das vom »Institut de droit international« ausgearbeitete Reglement (abgedruckt in der Broschüre Meilis: Die neuen Aufgaben der modernen Jurisprudenz, Wien 1892, S. 57—61) zu benützen.

Im übrigen ist bei Staatsbankerotten das Hauptgewicht auf die oben geschilderten Organisationen des konventionellen Völkerrechts zu legen, da solche am ehesten geeignet sind, ohne direkte Gewaltanwendung sowohl den Staatsgläubigern zu ihrem Rechte zu verhelfen, als auch gesunde Zustände in den bankerotten Staaten herbeizuführen.

Letzteres Ziel muss bei allen Bestrebungen zur Bekämpfung des Staatsbankerottes im Auge behalten werden.

Denn der Staatsbankerott ist, wie Roscher treffend bemerkt[1]), einerseits immer ein Symptom schwerer Volkskrankheit, immer auch an sich ein grosses Unglück für die Wirtschaft, wie für die Seele des Volkes, andererseits aber unter verzweifelten Umständen zuweilen das kleinere Übel, der Weg zur Heilung. Ein Doktrinarismus, der lieber den Staat will untergehen, als bankerott werden lassen, kann deshalb nicht ernstlich gemeint sein.

---

[1]) Vgl. Roscher, l. c. S. 611 § 133.

Litteraturangabe.

Apt, Das Börsengesetz, Berlin 1896.

Archiv für Eisenbahnwesen 1891.

Asser-Cohn, Das internationale Privatrecht, Berlin 1880.

v. Bar, Theorie und Praxis des internationalen Privatrechts, Hannover 1889.

Bartolus a Saxoferrato, Tractatus represaliarum 1354.

Bekker, Über die Couponsprozesse der österreichischen Eisenbahngesellschaften und über die internationalen Schuldverschreibungen, Weimar 1881.

Berner, Artikel Repressalien in Bluntschli's Staatswörterbuch 1864 Band VIII.

Bismarck, siehe unter Stein Philipp.

Bluntschli, Das moderne Völkerrecht der zivilisierten Staaten, Nördlingen 1868.

Bluntschli, Das moderne Völkerrecht der zivilisierten Staaten, 3. Auflage, Nördlingen 1878.

Bluntschli, Lehre vom modernen Staat, 5. Auflage, Stuttgart 1875/76.

Bluntschli, Abhandlung über völkerrechtliche Gerichtsbarkeit in der Zeitschrift ›Die Gegenwart‹ 1878. (Siehe auch unter Gegenwart.)

Bluntschli und Brater, Staatswörterbuch, Stuttgart 1867 Bd. X Artikel Staatsschulden von Adolf Wagner und Art. Staatswirtschaft von Laspeyres; s. auch unter Berner.

Borleff, Handboek voor effektenhouders en geldbeleggers 1881.

Bulmerincq, Artikel Retorsion, Repressalien und Schiedsspruch in Holtzendorffs Rechtslexikon, 3. Auflage, Leipzig 1881.

Bynkershoek, Quaestionum iuris publici libri duo, Lugd. Batav. 1737.

Chevalier, Cours d'économie politique, Paris 1855.

Codes Égyptiens, Le Caire 1890.

Codex.

Dietzel, System der Staatsanleihen, Heidelberg 1855.

Digesten.

Eheberg, Finanzwissenschaft, 4. Auflage, Leipzig 1895.

Economiste français 1894.

Escher, Handbuch der praktischen Politik.
Finanzarchiv, Zeitschrift für das gesamte Finanzwesen, Stuttgart Bd. I 1884.
Finanzwissenschaft, siehe unter Eheberg, Roscher, Stein, Umpfenbach.
Gegenwart, Die, Wochenschrift für Litteratur, Kunst und öffentliches Leben, Berlin Jahrgang 1878; (Abhandlung Bluntschlis über völkerrechtliche Gerichtsbarkeit).
Gengler, Das deutsche Privatrecht, 4. Aufl. Erlangen und Leipzig 1892.
Gesetz, Deutsches betr. die Börse vom 22. Juni 1896, s. auch unter Apt.
Gesetz, Österreichisches über die Kontrolle der Staatsschuld durch den Reichsrat vom 13. Dezember 1862.
Gesetz, Hannoversches über das Schatzkollegium vom 12. September 1838.
v. Gönner, Von Staatsschulden, München 1826.
Grotius, De jure belli ac pacis, Paris 1625.
Guillaumot, L'Égypte moderne en droit international, les procès mixtes en Égypte avant et après la Reforme judiciaire (II. Teil einer Dissertation), Paris 1891.
Handwörterbuch der Staatswissenschaften von Conrad, Elster, Lexis und Loening, Jena 1890 Band I (Art. Anleihen) und Band V (Art. Staatsbankerott).
Hartmann, Internationale Geldschulden, Freiburg und Tübingen 1882.
Hausmeister, La dette portugaise 1893.
Heffter, Athenäische Gerichtsverfassung, Köln 1822.
Heffter, Das europäische Völkerrecht, Berlin 1861.
v. Holtzendorff, Encyclopädie der Rechtswissenschaft, 5. Aufl. Leipzig 1890. (Darstellung des Europäischen Völkerrechtes von v. Holtzendorff-Stoerk).
v. Holtzendorff, Rechtslexikon, 3. Aufl. Leipzig 1881.
Hume, Essay on public credit and the national debt.
Jellinek, System der subjektiven öffentlichen Rechte, Freiburg 1892.
Journal de droit international privé Bd. XXI, Paris 1894 (Abhandlung von Kebedgy).
Kaufmann, Das internationale Recht der egyptischen Staatsschuld, Berlin 1891.
Kaufmann, Die Kommissare der Kasse der egyptischen Staatsschuld und das internationale Recht, Berlin 1896.
Kebedgy, s. unter Journal.
Kent, Commentaries on International Law, Cambridge 1866.
Klüber, Europäisches Völkerrecht, Stuttgart 1851.
Körner, Die Konversion öffentlicher Schulden, Wien und Leipzig 1893.
Körner, Staatsschuldentilgung und Staatsbankerott. Mit besonderer Berücksichtigung der fundierten Staatsschuld. Wien 1893.
Laband, Staatsrecht des Deutschen Reiches, 2. Auflage, Freiburg 1891.
Laspeyres, siehe unter Bluntschli und Brater.
de Laveleye, Des causes actuelles de guerre en Europe et de l'arbitrage, Bruxelles 1873.

v. Leonhardi, Das Austrägalverfahren des deutschen Bundes 1838.
Lorimer, siehe unter Revue.
Lotz, Die Technik des deutschen Emissionsgeschäftes. Anleihen, Konversionen und Gründungen. Leipzig 1890.
v. Martens C., Einleitung in das positive europäische Völkerrecht, Göttingen 1796.
Massé, Le droit commercial dans ses rapports avec le droit des gens et le droit civil, 2. ed. 1861.
Meili, Der Staatsbankerott und die moderne Rechtswissenschaft, Berlin 1895.
Meili, Die neuen Aufgaben der modernen Jurisprudenz, Wien 1892.
Meili, Geschichte und System des internationalen Privatrechts im Grundriss, Leipzig 1892.
Meili, Rechtsgutachten und Gesetzesvorschlag betr. die Schuldexekution und den Konkurs gegen Gemeinden.
Meyer, Lehrbuch des deutschen Verwaltungsrechts, Leipzig 1885.
Milovanowitsch, Les traités de garantie au XIXme siècle, Paris 1888.
v. Mohl, Staatsrecht, Völkerrecht und Politik (völkerrechtliche Lehre vom Asyle), Tübingen 1860.
Mommsen, Abriss des römischen Staatsrechts, Leipzig 1893.
Nebenius, Öffentlicher Kredit 1829.
Neumann, Internationales Privatrecht in Form eines Gesetzentwurfs nebst Motiven und Materialien, Berlin 1896.
Novellen.
Pflug, Das Prinzip der Publizität in Deutschland. Mit besonderer Berücksichtigung seiner Bedeutung für den Privatkredit. Erlangen 1895.
Phillimore, Commentaries on International Law, 2. ed. 1874.
Pierson, Leerboek der Staatshuiskunde, Haarlem 1884.
Politis, Les emprunts d'État en droit international, Paris 1894.
Pütter, Beiträge zur Völkerrechtsgeschichte 1843.
v. Raumer, Geschichte Europas.
Regelsberger, Pandekten, Leipzig 1893.
Revue de droit international et de législation comparée (organe de l'Institut de droit international, publiée par Rolin-Jaequemyns avec le concours de M. M. Asser, Nys, Rivier, Ed. Rolin et Westlake), Bruxelles 1877. (Abhandlung Lorimers über die Ausbildung einer europäischen Völkerunion.)
Rönne, Verfassung des Deutschen Reiches, 6. Auflage Berlin 1891.
Roscher, System der Finanzwissenschaft, 4. Auflage Stuttgart 1894.
Rotteck und Welker, Staatslexikon 1843 Bd. XIV und XV.
Schäffle, siehe unter Zeitschrift.
Seebohm, On international reform, London 1871.
Sell, Recuperatio der Römer, Braunschweig 1837.
Staatslexikon, siehe unter Rotteck.
Staatswörterbuch, siehe unter Bluntschli und Brater.
Stein L., Lehrbuch der Finanzwissenschaft, Leipzig 1860.
v. Stein L., Finanzwissenschaft, 5. Auflage Leipzig 1885/86.

Stein Philipp, Fürst Bismarcks Reden, Leipzig (Reklam).
Stobbe, Handbuch des deutschen Privatrechts, 3. Auflage, Berlin 1893.
Stoerk, siehe unter v. Holtzendorff.
St. Pierre, Mémoire pour rendre la paix perpétuelle en Europe.
Strêzoff, L'intervention et la Péninsule balkanique, Genève 1892 (Dissertation).
Trendelenburg, Lücken im Völkerrecht 1872.
Umpfenbach, Lehrbuch der Finanzwissenschaft, 2. Aufl., Stuttgart 1887.
Vattel, Le droit des gens 1839.
Verfassungsurkunde, bayerische, württembergische, sächsische, badische.
Wagner, Die Ordnung des österreichischen Staatshaushalts, Wien 1863. Siehe auch unter Bluntschli und Brater.
Welker, siehe unter Rotteck.
Wheaton, élém. de droit international (elements of International Law), Leipzig 1848.
Wildman, Institutes of International Law 1849.
Wolff, ius gentium methodo scientifica pertractum 1749.
Wurm, Art. Völkerrechtliche Selbsthilfe in Rottecks Staatslexikon (1843) Band XIV.
Zachariä von Lingenthal, Vierzig Bücher vom Staat, Heidelberg 1843.
Zeitschrift für die gesamte Staatswissenschaft 1884 (40. Band). Abhandlung von Schäffle.
Zimmermann, Internationale Arbitrage, Leiden 1894 (Dissertation).

Ende der Preisschrift.

Anhang.

Die Organisation

der

internationalen Kontrolle

der

griechischen Staatsfinanzen.

Nachtrag

zu den §§ 3 und 10 der Preisschrift

„Staatsbankerott und internationales Recht“

von

Dr. jur. Karl Pflug-Nürnberg.

Während die von den europäischen Gläubigergruppen behufs Vertretung ihrer Interessen gebildeten Bondholderkomités in Berlin, London und Paris, welche schon lange vor dem Ausbruche des griechisch-türkischen Krieges vom Jahre 1897 wegen der Forderungen der auswärtigen Gläubiger Griechenlands mit der griechischen Regierung in Unterhandlungen gestanden hatten — die letzten Verhandlungen datieren aus dem Jahre 1896 — keinen positiven Erfolg zu erreichen vermochten, ist dies nunmehr den Regierungen der sechs Grossmächte Deutschland, Frankreich, Grossbritannien, Italien, Österreich und Russland gelungen, ohne dass zu der von den Gläubigern gewünschten gewaltsamen Intervention bezw. Exekution, welche die Grossmächte teils aus wirtschaftlichen, teils aus politischen Gründen vermeiden wollten, hätte geschritten werden müssen.

Der griechisch-türkische Krieg vom Jahre 1897[1]) und die schwere Niederlage, die Griechenland in diesem Kriege erlitten hat, boten den Grossmächten die Handhabe zu einem gemeinsamen Vorgehen gegen Griechenland in der Staatsbankerottfrage ohne eigentliche Gewaltanwendung. Denn die Intervention der Grossmächte in den Friedensverhandlungen machte auch eine Wahrnehmung der Interessen der Staatsgläubiger möglich.

Als Haupterfolg der Bemühungen der Grossmächte ist die Verwirklichung des Planes der Einrichtung einer internationalen Kontrolle der griechischen Staatsfinanzen, auf welche insbesondere die deutsche Regierung von Anfang an grosses Gewicht gelegt hatte, anzusehen.

Gesichert wurde die Einrichtung dieser internationalen Finanzkontrolle in Griechenland durch die Artikel II und VI des griechisch-türkischen Friedenspräliminarvertrages vom 18. September 1897, welche lauten:

Artikel II. Griechenland wird der Türkei eine Kriegsentschädigung von vier Millionen türkischen Pfund zahlen. Die nötigen Vorkehrungen zur Erleichterung der schleunigen Zahlung dieser Entschädigung werden mit Zustim-

---

[1]) Bezüglich der hier nicht weiter interessierenden Einzelheiten über Entstehung, Verlauf und Ausgang dieses Krieges verweisen wir auf die zur Zeit in der Revue de Droit International (Brüssel 1898) zum Abdruck gelangende Artikelserie: La guerre de 1897 (origine, évolution, fin).

mung der Mächte in solcher Weise getroffen, dass sie nicht die anerkannten Rechte der alten Gläubiger und der Obligationsinhaber der griechischen Staatsschuld schädigen.

Zu diesem Zweck wird in Athen ein Internationaler Ausschuss, zusammengesetzt aus Vertretern der vermittelnden Mächte und zwar mit je einem Vertreter für jede Macht, begründet werden.

Die griechische Regierung wird für die Annahme eines vorher von den Mächten genehmigten Gesetzes Sorge tragen, das den Geschäftsgang dieses Ausschusses ordnet und durch welches die Erhebung und Verwendung ausreichender Einnahmen für den Dienst der Kriegsentschädigungsanleihe und der sonstigen Staatsschulden der unbedingten Kontrolle des genannten Ausschusses unterstellt wird.

Artikel VI. Der Kriegszustand zwischen der Türkei und Griechenland wird aufhören, sobald die Vorfriedensurkunde unterzeichnet sein wird. Die Räumung Thessaliens wird in Monatsfrist nach dem Zeitpunkte eintreten, wo die Mächte die im letzten zweiten Absatze des Artikels II angegebenen Bedingungen als erfüllt anerkannt haben. Der Zeitraum für die Ausgabe der griechischen Kriegsentschädigungsanleihe wird vom Internationalen Ausschusse im Einklange mit den im betreffenden Artikel erwähnten Anerkennungen bestimmt werden. Das Räumungsverfahren und die Wiedereinsetzung der griechischen Behörden in den geräumten Orten wird durch Abgesandte der beteiligten Parteien unter Mitwirkung der Vertreter der Grossmächte entschieden werden.

Vgl. u. a. Münchener Allgemeine Zeitung vom 19. und 20. September 1897 (Nr. 260 etc.).

Über die Zusammensetzung und Thätigkeit der griechischen Finanzkontrollkommission bestimmt ein im Januar 1898 zwischen der griechischen Regierung und den Vertretern der sechs europäischen Mächte getroffenes Übereinkommen, welches nunmehr (März 1898) Gesetz[1]) geworden ist, im Wesentlichen Folgendes:

---

[1]) Es handelt sich hiebei um das im Art. II des Vorfriedensvertrages erwähnte »Gesetz«, für dessen Annahme durch die griechische Deputiertenkammer die griechische Regierung Sorge zu tragen hatte. — Das Gesetz — genehmigt von der Deputiertenkammer am 10. März 1898 — tritt in Kraft, sobald die Kriegsentschädigungsanleihe aufgenommen ist.

Die Kontrollkommission wird aus sechs Kommissären gebildet, indem jede der sechs Grossmächte Deutschland, Frankreich, Grossbritannien, Italien, Österreich-Ungarn und Russland je einen Kommissär ernennt. Die Mitglieder der Kommission geniessen die gleichen Privilegien, wie die Mitglieder des diplomatischen Korps, d. h. der in Griechenland beglaubigten Gesandtschaften.

Für das erste Jahr wird der Präsident der Kommission gewählt, später wechseln die Mitglieder alle sechs Monate im Präsidium.

Die Beschlüsse der Kommission sind mit Stimmenmehrheit zu fassen.

Die Kontrolle der Kommission erstreckt sich auf diejenigen Staatseinkünfte, die den nachfolgenden Anleihen verpfändet sind:

1. der Goldanleihe, welche abzuschliessen ist, um die auf 4 Millionen türkische Pfund festgesetzte Kriegsentschädigung an die Türkei und die Entschädigungen an Private, welche durch den Friedensvertrag mit höchstens 100000 türkischen Pfund angesetzt sind, zu bezahlen[1];
2. der Anleihe von 1893, welche durch Frankreich, England und Russland garantiert ist;
3. den konsolidierten oder amortisierbaren Goldanleihen, welche durch den griechischen Staat im Auslande von 1881 bis einschliesslich 1893 abgeschlossen wurden (also speziell den griechischen Goldanleihen von 1881, 1884, 1887, 1890 und der Rente von 1889);
4. denjenigen Anleihen, die bestimmt sind:
   A. zur Deckung des 1897er Defizits sowie der Defizits der folgenden Jahre, die mit höchstens je 20 Millionen Francs veranschlagt werden;
   B. zur Tilgung der schwebenden Goldschuld von 31375093 Francs;
   C. zur Bestreitung der Zahlungen, die den Inhabern von Titres der bisherigen Goldanleihen zugestanden worden sind.

Der ganze Betrag der neu aufzunehmenden Anleihen wird der internationalen Kommission zur Verfügung gestellt. Von dieser erst werden die beschafften Summen ihrer Bestimmung zugeführt. Insbesondere macht die Kommission davon

[1]) Es ist beabsichtigt, eine Anleihe von 155 Millionen Francs aufzunehmen. Für die Anleihe werden voraussichtlich England, Frankreich und Russland Garantie leisten. Über das Wesen solcher staatlicher Bürgschaften zu Gunsten fremder Anleihen vgl. S. 42 f. und speziell S. 43 Anmerkung 1 der Preisschrift.

die Zahlungen an die Türkei für Rechnung der griechischen Regierung. Der Rest wird der Regierung zugestellt, welche denselben im Einvernehmen mit der internationalen Kommission für die Bedürfnisse des Staates verwendet.

Die Verwaltungsauslagen der Kommission sind aus den Erträgnissen der verpfändeten Einkünfte zu bestreiten.

Die Kommission wird alle sechs Monate der griechischen Regierung eine Abrechnung unterbreiten und ferner jedes Jahr einen öffentlichen Bericht erstatten.

Die Kommission ernennt ihre eigenen Agenten und Angestellten. Ein königlicher Kommissar fungiert als Mittelsperson zwischen den griechischen Behörden und der Kommission. Dieser Kommissar wird den gleichen Rang und die gleichen Bezüge haben wie der königliche Kommissar beim obersten Rechnungshofe. Was die einzelnen Kontrollbefugnisse der Kommission anlangt, so gilt hierüber Folgendes:

Um sich von der genauen Anwendung der gesetzlichen und vorschriftsmässigen Bestimmungen zu überzeugen, können sich die Mitglieder der Kommission persönlich in die verschiedenen Einziehungsstellen und Anstalten begeben, welche zu den Dienstzweigen gehören, deren Erträgnisse verpfändet sind; sie haben das Recht, sich alle Bücher, Rechnungen und Buchhaltungsbelege vorlegen zu lassen. Zum gleichen Zwecke kann die Kommission auch Beamte anstellen, deren Wahl seitens der Regierung zu genehmigen sein wird; diese Beamten geniessen bei Ausübung ihrer Funktionen den den Staatsbeamten zugebilligten Schutz; sie können nicht selbst in dienstliche Dinge eingreifen und haben ihre Berichte an die Kommission zu erstatten. Die internationale Kommission kann von der Regierung auch die Ausübung von Inspektionen und Überwachungen des Dienstes der verpfändeten Einkünfte verlangen.

Die Abteilungschefs in den zu der Verwaltung der verpfändeten Einkünfte gehörigen Dienstzweigen haben durch Vermittelung der Regierung an die internationale Kommission eingehende Berichte über die Thätigkeit ihrer Ressorts zu erstatten. Die Kommission kann die Hilfe der Regierung in Anspruch nehmen zur Abstellung von Unregelmässigkeiten und zur Vermeidung einer Wiederholung derselben. Auf Verlangen der Kommission hat die Regierung diejenigen Beamten, deren Verhalten zu berechtigten Klagen Anlass gegeben haben wird, durch andere zu ersetzen.

Die Erhebung der verpfändeten Einkünfte und Steuern geschieht ebenso wie die Verwaltung der gegenwärtig bestehenden Staatsmonopole durch eine griechische Gesellschaft mit dem Sitze in Athen, die zwar unter griechischem Recht, jedoch zugleich auch unter absoluter Kontrolle der internationalen Kommission steht. Diese, die Funktionen der früheren Monopolgesellschaft übernehmende Gesellschaft führt den Namen »Société de Régie des Revenues affectées au service de la Dette Publique Hellénique«. Die Statuten dieser Gesellschaft und ihr Abkommen mit der Regierung bedürfen der Genehmigung der Mächte und können nur mit Einwilligung der Kontrollkommission wieder geändert werden. Auch ist dieses Abkommen widerruflich für den Fall, dass Statut oder Konvention nicht befolgt werden[1]).

Die Kontrolle der internationalen Kommission der »Société« gegenüber kann in folgender Weise bethätigt werden: Ein Mitglied der internationalen Kommission sowie der von der Regierung ernannte Kommissar bei der Kommission dürfen den Sitzungen der Société und ihren Generalversammlungen beiwohnen. Von Seiten des erwähnten Mitgliedes der Kommission kann Einspruch gegen Mafsnahmen der Société erhoben werden. Die Mitglieder der internationalen Kommission wie auch die von der internationalen Kommission ernannten Inspektoren sind berechtigt, die Filialen und Depots der Gesellschaft zu besuchen und sich des regelmässigen Betriebes derselben zu versichern. Falls die Gesellschaft Beschwerden gegen die internationale Kommission zu erheben hat, muss sie sich an die Bestimmungen des Artikels 33 des Kontrollgesetzes halten. Unter keinen Umständen wird die Gesellschaft berechtigt sein, die

[1]) Aus den Statuten der genannten Gesellschaft sind hier folgende Punkte hervorzuheben: Die Dauer der Gesellschaft ist auf 30 Jahre festgesetzt. Das Kapital der Gesellschaft beträgt effektiv 4000000 Francs. Der Nominalwert jeder der gegenwärtigen 20000 Aktien von je 500 Francs wird auf volleingezahlte 125 Francs reduziert. Ausserdem werden 12000 neue Aktien von je 125 Francs ausgegeben, welche nicht unter Pari begeben werden dürfen und deren Gegenwert innerhalb eines Monats einbezahlt werden muss. Von dem genannten Gesellschafts-Kapitale werden 2 Millionen Francs effectiv, nach Zustimmung der internationalen Kommission in griechischen Staatspapieren, in Gold zahlbar, angelegt und bilden die Kaution der Gesellschaft gegenüber der internationalen Kommission. Die Titres dieser Kautionssumme werden im Auslande bei einem oder bei mehreren Bankinstitute, welche seitens der Kommission zu bezeichnen sind, hinterlegt. Die verbleibenden 2 Millionen Gesellschaftskapital sind in griechischen Staatspapieren anzulegen und haben als Sicherstellung der Gesellschaft der Regierung gegenüber zu dienen. Die diesen Betrag repräsentierenden Stücke sind bei dem durch die Regierung zu bestimmenden Bankinstitute zu hinterlegen. Das Betriebskapital der Gesellschaft wird aus den statutenmässigen Reserven und aus den zu Gunsten des Sicherheitsfonds (compte d'assurances) erfolgten Rücklagen gebildet. Die »Société« wird durch einen Aufsichtsrat geleitet; derselbe besteht aus sieben Mitgliedern, welche in der Generalversammlung der Aktionäre zu wählen sind. Vgl. Berliner Tageblatt vom 19. März 1898, Abend-Ausgabe Nr. 143 S. 1.

internationale Kommission bei den ordentlichen Gerichten des Landes zu verklagen. Die Gesellschaft muss im Laufe eines jeden Monats dem Finanzministerium und der internationalen Kommission eine allgemeine Aufstellung ihrer Umsätze an Gegenständen und Baarbeträgen während des abgelaufenen Monats überreichen. —

Löst sich die Regiegesellschaft auf oder erlischt ihr Mandat, dann soll die Kommission mit der Regierung sich über eine neue Gesellschaft oder über eine veränderte Erhebungsart verständigen und unmittelbar diejenigen Mafsnahmen ergreifen, die zum Schutze der ihr anvertrauten Interessen dringend nötig sind.

Für den Verkauf der Monopolartikel wird im Wesentlichen das bisherige System aufrechterhalten. Der Verkauf erfolgt ebenso wie die Einhebung des Tabakzolles, der Stempelsteuer u. s. w. unter der Kontrolle der Kommission. Die mit der Erhebung betrauten Beamten unterstehen für gewisse Verfehlungen dem Strafrecht.

Die von der Gesellschaft eingezogenen Einnahmen müssen einmal wöchentlich[1]) an die Kasse der Kontrollkommission abgeführt werden.

Die Umwandlung dieser Gelder in Gold hat jeweils innerhalb zweier Wochen zu geschehen. Die Kommission wird alsdann den erforderlichen Betrag an die Zahlstellen überweisen und mit der Regierung die Amortisation überwachen.

Ohne Einwilligung der Kommission darf bis zur Tilgung der bestehenden Schuld keine neue Valutaanleihe aufgenommen werden[2]).

Bei Differenzen zwischen Regierung und Kommission tritt ein Schiedsgericht in Thätigkeit.

Vgl. hiezu Frankfurter Zeitung vom 14. Januar 1898 Abendblatt Nr. 13, Seite 4; Handelszeitung des Berliner Tageblattes vom gleichen Datum Nr. 24 (Beiblatt); Berliner Tageblatt vom 19. März 1898, Abend-Ausgabe Nr. 143, Seite 1; Frankfurter Zeitung vom 22. März 1898 Abendblatt Nr. 80, Seite 4.

---

[1]) Diese kurze Frist wurde deshalb gesetzt, damit Unregelmässigkeiten frühzeitig erkennbar werden.

[2]) Diese Bestimmung ist enthalten in dem Kapitel über die Neugestaltung des Dienstes für die öffentlichen, in Papier-Drachmen aufgenommenen Schulden. Die bezüglichen Normen lauten vollständig: Die Staatsschuld in Banknoten, aus amortisierbaren und Renten-Obligationen bestehend, in Höhe von 60723795 Drachmen und die Staatsschuldscheine (Bons du Trésor), welche 18345362,24 Drachmen betragen, werden durch ein Gesetz unifiziert und gegen Obligationen einer neuen Anleihe konvertiert, deren Dienst 3900000 Drachmen nicht übersteigen darf. Die Maximal-

Da alle diese Bestimmungen auf konventionellem Völkerrechte beruhen, indem sie durch den übereinstimmenden Willen der Regierungen der sechs Grossmächte und der griechischen Regierung geschaffen wurden, so können sie von der griechischen Regierung auch nur mit Zustimmung der sechs Grossmächte geändert werden.

Bemerkenswert ist, dass die griechische Finanzkontrolle nicht in einer Kontrolle der gesamten Staatseinkünfte, sondern nur in einer Kontrolle derjenigen Staatseinkünfte besteht, welche zur Deckung der alten Staatsschulden und der neuen Kriegskostenanleihe bestimmt sind.

Die als Sicherheit verpfändeten Einkünfte sind zunächst die Monopole auf Salz, Petroleum, Zündhölzer, Spielkarten, Cigarettenpapier und Naxosschmirgel, deren Jahreserträgnisse auf 12300000 Drachmen taxiert werden, ferner die Tabaksteuer, die auf 6600000 Drachmen geschätzt wird, die Stempelsteuer (geschätzt auf 10 Millionen Drachmen) und die Piräuszölle (geschätzt auf 10700000 Drachmen); insgesamt werden die verpfändeten Jahreseinkünfte auf 39600000 Drachmen taxiert. Eventuell können auch noch die Zolleinnahmen von Patras, Volo, Korfu und Laurium (insgesamt jährlich 7200000 Drachmen geschätzter Bruttoertrag) hinzugezogen werden [1]).

Vgl. Frankfurter Zeitung a. a. O.; Berliner Tageblatt a. a. O.

---

summe an Staatsschuldscheinen, welche von der Regierung, nach Bezahlung der Staatsschuldscheine, emittiert werden darf, wird mit 10 Millionen Drachmen festgesetzt. Diese Maximalsumme darf ohne Zustimmung der internationalen Kommission nicht überschritten werden. Die aus Banknoten mit Zwangskurs bestehende Schuld in Höhe von 74000000 Drachmen, sowie die von den Emissionsbanken garantierte Schuld in Scheinen zu 1 und 2 Drachmen, in Höhe von 20000000 Drachmen, werden vom Jahre 1900 an getilgt im Wege von jährlichen Rückzahlungen, deren Mindestbetrag mit 2000000 Drachmen festgesetzt ist. Diese Tilgung kann mit Einverständnis der internationalen Kommission eingestellt werden, sobald die Schuld in Banknoten auf 40000000 Drachmen herabgemindert sein wird. Ohne Zustimmung der internationalen Kommission kann seitens der Regierung kein neues Anlehen mit Zwangskurs emittiert werden, so lange die Schuld in Banknoten mit Zwangskurs nicht vollständig getilgt sein wird. Keine anderweitige Herausgabe von Papiergeld (Monnaie fiduciaire) darf seitens der Regierung angeordnet oder gestattet werden mit Ausnahme der im Interesse des Handels erforderlichen; letztere nur in den durch die Statuten der bestehenden oder zukünftigen Emissionsbanken festgesetzten oder noch festzusetzenden Grenzen.

[1]) Nämlich für den Fall, dass während zweier aufeinanderfolgenden Semester die Beträge, welche der internationalen Kommission auf den Gesamtertrag der übrigen verpfändeten Einkünfte effektiv gezahlt sein werden, nicht 85 Prozent der für jene Einkünfte aufgestellten Schätzungen erreichen. Vgl. Art. 12 des Kontrollgesetzes.

Alle übrigen Staatseinkünfte bleiben von der Kontrolle befreit.

Die griechische Finanzkontrolle ist sonach im Gegensatze zur egyptischen, türkischen und serbischen nur eine beschränkte oder partielle, während jede der drei letztgenannten Organisationen sich als allgemeine, absolute oder generelle Kontrolle, d. h. als eine solche, welche die gesamten Staatseinkünfte umfasst, charakterisiert.

Mit der egyptischen Kontrolle hat die griechische jedoch das gemein, dass die Mitglieder der Kommission von den Mächten unmittelbar ernannt werden, was bei der mit der Verwaltung der türkischen Staatsschuld betrauten Kommission, dem durch kaiserlich ottomanisches Finanzdekret vom 8./20. Dezember 1881 eingesetzten Conseil d'Administration de la Dette Publique Ottomane in Konstantinopel, wie auch bei der serbischen Kontrollkommission nicht der Fall ist, da deren Mitglieder von den Gläubigern und den beteiligten Banken selbst bestimmt werden [1]).

---

[1]) Eine vergleichende Zusammenstellung der Kontrollinstitutionen der vier Länder Egypten, Türkei, Serbien und Griechenland findet sich in der Frankfurter Zeitung vom 22. März 1898 Abendblatt Nr. 80 Seite 4. Es heisst dort bezüglich der türkischen und serbischen Finanzkontrolle: Ähnlich (wie in Egypten), jedoch nicht ganz so wirksam, sind die Kontrollinstitutionen in der Türkei beschaffen, insofern nämlich auch dort, wenigstens für die den Serienanleihen überwiesenen Einkünfte, die Gelder direkt an die internationale Kasse zu fliessen haben. (NB. In Griechenland geschieht die Einkassierung der überwiesenen Einkünfte nicht direkt durch Angestellte der internationalen Kommission, sondern für deren Rechnung durch die Regiegesellschaft, Anm. des Verfassers; vgl. oben S. 96 f.). Dagegen für die erst später unter die gleiche Verwaltung gestellten Anlehen fungiert die Kasse eigentlich nur als Vermittlungsstelle. Immerhin hat auch dort bisher die Institution im Wesentlichen nach Wunsch funktioniert; ihr schwacher Punkt liegt aber darin, dass die internationalen Delegierten nicht offiziell von den Mächten ernannt werden, sondern von Stellen, die als Vertreter der Anlehensgläubiger bezeichnet sind, daher die Pforte diese Delegierten sogar als »türkische Beamte« ansieht, auch ihren Reklamationen nicht immer Folge gibt, so dass z. B. die Regelung der Loosanleihe, die Beseitigung der für die Tabakregie erhobenen Reklamationen schon seit Jahren auf sich warten lassen. Die schwächste Art von Finanzkontrolle ist die in Serbien. Die dort eingerichtete »Autonome Monopolverwaltung« besteht aus sechs Mitgliedern, zu denen die beiden Gouverneure der Nationalbank sowie zwei weitere, von der Regierung ernannte Mitglieder und nur zwei Vertreter der Anleihen gehören, also vier Serben gegen zwei Ausländer. Die Kommission soll alle überwiesenen Einkünfte verwalten, sie ist aber darauf angewiesen, das Einfliessen der Gelder abzuwarten, die von den staatlichen Verwaltungen ihr zuzustellen sind; auch darf sie eine Reihe von Beschlüssen, sobald es sich um mehr als 5000 Dinars handelt, nur mit Genehmigung des Finanzministers fassen, und überdies kann das Statut jederzeit abgeändert werden, sofern Regierung und Verwaltungsrat sich darüber verständigen.

Was den finanziellen Erfolg betrifft, den die Einführung der internationalen Finanzkontrolle in die griechische Finanzverwaltung für Griechenland selbst und seine Staatsgläubiger darstellt, so äussert sich derselbe schon vor Inkrafttreten des Finanzkontrollgesetzes in einer beträchtlichen Besserung des griechischen Staatskredits auf dem europäischen Geldmarkte. Nicht nur die Monopolanleihe, sondern auch die älteren 4%igen Anleihen Griechenlands, welche nach dem Staatsbankerott bis auf einen sehr tiefen Kursstand gesunken waren, haben sich auf die Kunde von der Annahme des Finanzkontrollgesetzes durch die griechische Deputiertenkammer sehr wesentlich in der Wertbemessung gehoben.

Es ist dies ein Beweis, dass die Kreditfähigkeit des besiegten Griechenland den europäischen Geldmächten in günstigerem Lichte erscheint, als die vor dem Kriege durch die Bankerotterklärung der griechischen Regierung geschaffene finanzpolitische Situation.

Vgl. Berliner Börsen-Courier, Morgen-Ausgabe vom 11. März 1898 Nr. 117 S. 1.

Die Thatsache aber, dass überhaupt trotz allen Sträubens Griechenlands dort nunmehr die Einrichtung einer Finanzkontrolle auf internationalrechtlicher Grundlage seitens der Grossmächte durchgesetzt wurde, ist ein neuer eklatanter Beweis dafür, dass sich die Regierungen der sämtlichen grösseren zivilisierten Staaten der Überzeugung nicht verschliessen können: Die wirksamsten Mittel zum Schutze auswärtiger Gläubiger bei Staatsbankerotten bietet das konventionelle Völkerrecht.

Berichtigung:

Auf Seite 95, Zeile 21 von oben muss es heissen **1833** statt 1893.

Kgl. Bayer. Hofbuchdruckerei G. P. J. Bieling-Dietz, Nürnberg.

FSC
www.fsc.org
MIX
Papier | Fördert gute Waldnutzung
FSC® C083411

Kolibri 360 GmbH
Ferdinand-Jühlke-Straße 7
99095 Erfurt, Deutschland
produktsicherheit@kolibri360.de